朝10分で作れる
薬膳スープジャー弁当

植木もも子

家の光協会

はじめに

薬膳は、自分の体質や体調、季節に応じて
それぞれの食材が持つ特性や薬効を生かして組み合わせる食事です。
身体は、あなたが日々口に入れるものでできています。
食べもの次第で、日々の体調も変わっていきます。

毎日が忙しいと、料理を作る時間がとれなかったり
何を食べるかさえ、おろそかにしてしまいがち。

スープジャーが、そんな悩みを解決してくれます。
必要なのは、朝の10分間だけ。
ランチを具だくさんスープにするだけで栄養バランスのいい食事になるし
準備もかんたんだから、毎日続けられます。

あなたの身体が、毎日のスープで今よりもっと輝きますように。

THERMOS

薬膳スープジャー弁当のススメ

スープジャーなら、薬膳が初めての人でもかんたんに、失敗なく作れます。
食べごたえはあるのに、消化吸収にすぐれているからスープを毎日とるだけで身体のバランスが整って自然と体調が良くなっていきます。

☑ 仕込みは10分。あとは時間がおいしくします。

朝、材料を切ってさっと煮立てたら、スープジャーに注ぐだけ。
あとはジャーの中でじっくり保温。
余熱とジャーの保温効果で調理がすすみます。
昼にふたを開ければ、ほかほかのスープをおいしく味わえます。

火を止めたらすぐにスープジャーに注ぎ、ふたをする。温かいうちに注ぐことで、効率よく保温調理できる。

保温調理のおかげで、うまみと薬効がスープに溶け出します。

じわじわと熱を通す保温調理は、食材に味がゆっくりとしみこむのが特徴です。
スープには、具から出てきた薬効成分がたっぷり！
ふだんの食事より塩分など調味料も減らせるので、よりヘルシーです。

４時間たってふたを開けたもの。なすもトマトもとろりとやわらかくなり、汁に溶けた薬効ごと無駄なくとれる。

身近な食材を３つ合わせれば、十分な薬効が得られます。

この本で使う主要食材は、なじみのある肉や魚、野菜の中から薬膳の考えに基づいた食べ合わせを３つ選んでいます。
加える調味料や薬味で、薬効はさらにパワーアップ！

たとえば、鶏肉、小松菜、卵の組み合わせは、鶏肉で気を補い、小松菜と卵で血を養うので、きれいになった血を、気の力で身体のすみずみまで運ぶことができる。

スープのベースは薬効の高い鶏ガラスープの素と清酒。丸鶏を使うことが多い薬膳を、本書では鶏ガラスープで補う形に。写真のような容器に入れ替えておくと、扱いやすい。

スープジャーの上手な使い方

仕込みは朝、食べるのは4~5時間後。
ランチタイムにおいしく食べるためのコツはこちらです。

☑ スープジャーは、スープを入れる前に必ず予熱をしましょう。

スープを入れる前に、本体に熱湯を入れて予熱をしましょう。保温効果が上がり冷めにくくなります。
また、持ち運びの際はスープジャーをタオルなどで包むと、より保温性が高まります。

☑ 肉や魚には、しっかり火を通しましょう。

食べ応えがあり、かつ、食べる頃に中までしっかり火を通すための大きさの目安は、3㎝大です。
厚みのあるものは、写真のようなそぎ切りにしましょう。
鍋やフライパンで仕込む段階で、必ずひと煮立ちさせて、表面の色が変わるまでしっかり加熱します。

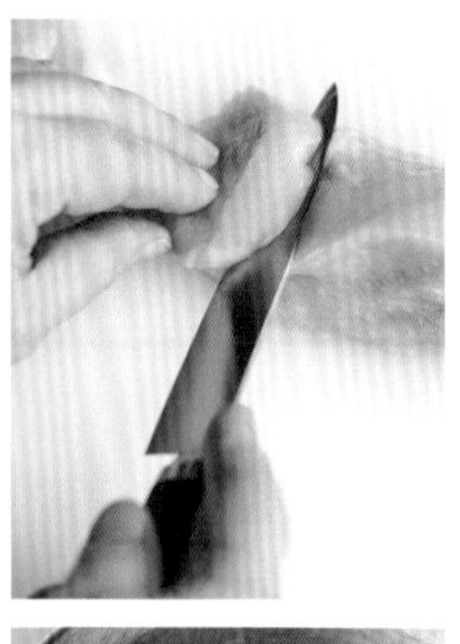

☑ごはんやパンを持参しても。

Part1と2のスープは、おかずスープ。具に炭水化物が入っていません。ジャーといっしょにパンやおにぎりを持参すると、栄養バランスがさらに整い、腹持ちも良くなります。

↓ Part 1 ↓ Part 2

☑ふやけやすいものは、あらかじめ軽く戻しておきましょう。

Part3のスープは、さまざまな炭水化物入りです。春雨やもちは、そのままジャーに入れると汁を吸いすぎて、食べるときにベチャベチャになっていることがあります。それを防ぐには、ジャーに入れる前に軽く水で戻したり、軽く焼いておくのがコツ。保温調理でほどよく柔らかくなって、おいしく食べられます。リゾットやおかゆ、パスタなどを入れる場合は、下ゆでする必要はありません。

↓ Part 3

＊本書のレシピは、サーモスの「真空断熱スープジャー」で作っています

容量は380〜400㎖のものを想定しています。お手持ちのスープジャーの容量にあわせて分量を加減してください。また、具の大きさや調理器具、火加減によって、仕上がりの水分量は若干変わります。各スープジャーの取り扱い説明書に従い、規定量を超えてスープを入れないようにしてください。

 ※お手持ちのスープジャーの取り扱い説明書に記載の使用方法、注意事項などもご確認のうえ、ご使用ください。

もくじ

Part1 ― 食材別
いつもの食材で作るバランススープ

鶏肉

豚肉

牛肉

魚介

大豆製品

Part2 ― 季節別

季節と体調に応じた薬膳スープ

秋～初冬

本書の使い方

＊ 各レシピについている、料理の効能について
３つの主要食材の組み合わせ、
そのほか、薬味や調味料と食べ合わせることで生まれる効能や
症状の改善について記載しています。
Part1 とPart３は元気が出る、血を作るといった効能、
Part2 は冷え性、のぼせ、むくみといった、
その季節に出やすい症状を載せています。

＊ 肉、魚は調理前に一度水洗いし、水けをとると、より衛生的で安心です。
その後、酒と塩各少々をふっておくと、特有の臭みがとれ、
味のしみこみも良くなります。下準備を前の晩にして、
冷蔵室に入れておくと、翌朝、手早く作ることができます。

＊ 野菜（さつまいも、里いも、なす、みょうがなど）のアクが気になる人は、
ボウルに水をはって、切ったはしから水にさらすといいでしょう。
鍋やフライパンに入れる際は、水けをきって入れます。

＊ 野菜を洗う、皮をむく、へた・種をとる、いしづきをとる、
根元を切るなどの表記は省略しています。

＊ 小さじ１は5mℓ、大さじ１は15mℓです。1 カップは200mℓです。
塩、こしょうの少々は、小さじ⅛程度、米粒½くらいの量です。

＊ 火加減は中火が基本です。
フライパンはフッ素樹脂加工のものを使用しています。
鉄製のフライパンの場合は、油の量が増えることがあります。

＊ 本書では中身がしっかり見えるように、スープを多めに入れて
撮影しています。実際には、各スープジャーの取り扱い説明書に従い、
適正な量を入れるように注意してください。

Part 1

―

食材別

いつもの食材で作る
バランススープ

たんぱく質と野菜が
バランス良くとれるスープです。
鶏、豚、牛、魚介、大豆製品から
選べるようになっています。
定番、かんたん、
飽きない味わいをどうぞ。

主食材別の薬膳的効能

このパートのレシピは、スープに使うたんぱく質別に展開しています。それぞれの食材の薬効（身体の陰、陽や、気、血、水にどのような効果があるか）についてかんたんに紹介しましょう。

＊陰陽、気血水などの用語についてはP122を参照してください

【鶏肉】

鶏肉は、「気」「血」「水」のうち、気を補う食材です。気がうまくとりこめないと、あらゆるところで気不足が起こり、疲れやすく元気がなかなか出ない状態になります。

五臓のうち、とくに脾と胃の働きを補って温め、食欲不振を改善します。鶏皮に豊富なコラーゲンは髪や肌に潤いを与えるほか、筋膜や骨の老化も防ぎます。

【豚肉】

豚肉は、「陰」「陽」のうち陰を養う食材です。熱をとり、身体を潤す働きがあり、のぼせの改善や空咳、肌の乾燥、のどの渇き、疲労回復、水分不足による便秘などにも働きかけます。

五臓のうち、とくに腎を養って心身の精力をつけるので、加齢による衰えやだるさのほか、体力増強や虚弱体質の改善も期待できます。

【牛肉】

牛肉は、「気」を補い、「血」を養う食材です。精をつけ、血をめぐらせて身体を温め、筋力をつけて足腰を丈夫にします。貧血の予防も期待できます。むくみや食欲不振も改善します。

五臓のうち、とくに脾と胃の働きを補い、消化吸収を助けますが、脂肪分は身体の負担になるので、なるべく赤身の肉を選ぶようにしましょう。

【魚介】

鮭は「血」のめぐりを促して身体を温め、胃腸の働きを助け、むくみを取り除きます。サバなど海で元気に回遊する魚は、気を補い、血をきれいにしてくれます。

エビは陽の気を補い、イカは血を補う作用があります。

海でじっとしていることの多い貝類には、身体の熱や、こもった湿をとり除く働きがあります。

【大豆製品】

大豆は、「水」のめぐりを促し、体内の余分な湿を追い出しながら、適度に潤してくれる食材です。「血」を作り、めぐらせる働きもあります。

大豆そのものは消化があまり良くありませんが、豆腐や油揚げ、厚揚げなどに加工することで、消化吸収が良くなります。豆乳には肺を潤して咳を鎮め、血を養う作用もあります。

もも肉・小松菜・溶き卵の中華風スープ

血を作る

小松菜、卵は血を養い、鶏肉の力で身体のすみずみまできれいな血を運ぶ組み合わせ。ピーナッツの皮にも造血作用があります。

材料／1人分

鶏ももから揚げ用……3個
【酒大さじ1、塩・黒こしょう各少々】
小松菜……3株
溶き卵……1個分
A［鶏ガラスープの素小さじ1、酒大さじ1
殻つきピーナッツ（無塩）……大さじ1と½
ごま油……小さじ1
塩、黒こしょう……各少々

作り方

1 鶏肉は大きければ半分に切り、【 】をふる。小松菜はざく切りにする。溶き卵は酒小さじ1と塩少々（ともに分量外）を加えて混ぜる。

2 小鍋に水250mℓを沸騰させ、鶏肉とAを加えて30秒ほど煮る。小松菜を加え、再沸騰したら塩、こしょうで味を調える。溶き卵を回し入れ、ひと混ぜしたら火を止める。

3 ジャーに注ぎ、ピーナッツとごま油を加えてひと混ぜする。

むね肉・キャベツ・マッシュルームのクリームスープ

元気が出る

疲労回復効果が抜群の鶏むねに、
胃の働きを助けるキャベツ、
免疫力を高める
マッシュルームの組み合わせ。
とうもろこしには、
むくみを軽減する力もあります。

材料／1人分

鶏むね肉……1/3枚（80g）
【酒大さじ1、塩・黒こしょう各少々】
キャベツ……葉2枚
マッシュルーム……4個
A [鶏ガラスープの素小さじ1、酒小さじ2
クリームコーン缶……1/2カップ
バター……小さじ1
塩、黒こしょう……各少々

作り方

1 鶏肉はそぎ切りにし、【 】をふる。キャベツは食べやすくちぎる。

2 小鍋に水150mℓを沸騰させ、鶏肉とマッシュルーム、Aを加える。再沸騰したら、キャベツ、クリームコーン、バターを加えてひと混ぜする。

3 再度沸騰したら、塩、こしょうで味を調える。火を止め、ジャーに注ぐ。

ささみ・玉ねぎ・にんじんのみそスープ

体を温める

消化の良いささみに、
身体を温める玉ねぎと
血を補うにんじんの組み合わせ。
脾と胃を温めるしょうがの辛味で、
血のめぐりを促します。

材料／1人分

鶏ささみ……２本
【酒大さじ½、塩・黒こしょう各少々】
玉ねぎ……⅓個
にんじん……½本
A［鶏ガラスープの素小さじ１、酒大さじ１
しょうがの薄切り……４〜５枚
みそ……大さじ½
白すりごま……大さじ１

作り方

1 ささみはひと口大のそぎ切りにし、【 】をふる。玉ねぎは薄切り、にんじんは乱切りにする。

2 小鍋に水250mℓと玉ねぎ、にんじん、しょうがを入れて火にかける。沸騰したらささみとAを加えて煮る。

3 再沸騰したら、みそと白ごまを加えてひと混ぜする。火を止め、ジャーに注ぐ。

手羽・赤ピーマン・レタスの豆乳スープ

気をめぐらせる

コラーゲン豊富な手羽と気をめぐらせる赤ピーマン、余分な水と熱を排出するレタスと豆乳の組み合わせ。

材料／1人分

鶏手羽元…… 3本

【酒大さじ½、塩少々】

赤ピーマン……1個

（または赤パプリカ½個）

レタス…… 2枚

A［鶏ガラスープの素小さじ1、酒大さじ1］

豆乳……150mℓ

オリーブ油……小さじ1

塩、黒こしょう……各少々

作り方

1 手羽元は【 】をふる。ピーマンは食べやすく乱切りに、レタスは大きめのざく切りにする。

2 深めのフライパンを温めて、手羽元の両面を焼きつける。オリーブ油を加えてピーマンをさっと炒め、レタスも加えて油をなじませる。湯100mℓとAを加えて煮る。

3 沸騰したら豆乳を加え、再沸騰したら塩、こしょうで味を調える。火を止め、ジャーに注ぐ。

鶏ひき・大根・しめじのとろみスープ

疲れを癒やす

消化のいい
ひき肉と大根に、
免疫力が高く
食物繊維も豊富な
しめじの組み合わせ。

材料／1人分

鶏ひき肉……100g
A［酒大さじ1、塩小さじ⅕
　 しょうがのすりおろし小さじ1
大根……3㎝ほど（80g）
しめじ……小⅓パック（30g）
鶏ガラスープの素……小さじ1
しょうゆ……大さじ½
B［片栗粉小さじ1、酒大さじ1

作り方

1 ボウルにひき肉とAを加えてよく混ぜる。大根は5㎜厚さのいちょう切りに、しめじは食べやすくほぐす。

2 小鍋に水250㎖と大根を入れて火にかける。沸騰したらしめじと鶏ガラスープの素を加え、ひき肉をスプーンですくって落とす。

3 再沸騰したらしょうゆを加えてひと混ぜし、Bをよく溶いて加え混ぜる。火を止め、ジャーに注ぐ。

鶏ひき・トマト・なすのカレースープ

水のめぐりを良くする

気を補う鶏肉と、利尿作用のあるトマトとなすの組み合わせ。にんにくとカレー粉の香気成分で、めぐりを促し、消化も助けます。

材料／1人分

鶏ひき肉……100g
【酒大さじ1、塩少々】
トマト……大1個
なす……大1本
A［鶏ガラスープの素小さじ1、酒大さじ1
カレー粉……小さじ1と½
にんにくの薄切り……½片分
オリーブ油……小さじ1と½
塩、黒こしょう……各少々

作り方

1 ひき肉は【 】をふり、菜箸でほぐす。トマトとなすは乱切りにする。

2 深めのフライパンにオリーブ油、にんにくを入れて火にかける。香りが立ったらひき肉を炒め、色が変わったらカレー粉を加えてさらに炒める。トマトとなすも加えて炒め合わせる。

3 湯200mℓ強とAを入れ、沸騰したら塩、こしょうで味を調える。火を止め、ジャーに注ぐ。

豚肉

豚もも・長いも・ブロッコリーのあっさりスープ

元気が出る

陰を養う豚肉と、肺、脾、腎を養う長いもの組み合わせ。ビタミン豊富なブロッコリーは腎の働きを養い、抗酸化作用も高めます。

材料／1人分

豚もも薄切り肉……2～3枚（80g）

【酒大さじ1、しょうゆ小さじ1、しょうがのすりおろし小さじ⅓】

長いも……80g

ブロッコリー……3～4房（100g）

A［鶏ガラスープの素小さじ1、酒大さじ1

しょうがのすりおろし……小さじ⅓

塩……少々

作り方

1 豚肉は食べやすく切り、バットに広げて【】をなじませる。長いもは乱切りにする。

2 小鍋に水250mℓと長いもを入れて火にかける。沸騰したらAとしょうがを加えてひと混ぜする。豚肉をクシュッと丸めながら加える。肉の色が変わったらブロッコリーを加える。

3 塩で味を調えたら火を止め、ジャーに注ぐ。

豚ばら・かぼちゃ・アスパラガスの韓国風スープ

材料／1人分

豚ばら薄切り肉……３～４枚（80g）
【酒大さじ1、塩少々】
かぼちゃ……ひと口大のくし形３個（80g）
グリーンアスパラガス……１本
A［ 鶏ガラスープの素小さじ１、酒大さじ１
コチュジャン……小さじ⅕～（好みで）

作り方

1 豚肉は食べやすく切り、【 】をふる。かぼちゃはさらに乱切りに、アスパラガスは３～４等分にする。

2 深めのフライパンで豚肉を炒め、油が出てきたらかぼちゃを加えて炒め、アスパラガスを加える。湯200㎖を加えて、Aを加え混ぜる。

3 沸騰したらコチュジャンで味を調える。火を止め、ジャーに注ぐ。

元気が出る

陰を養う豚肉と、代謝を促すアスパラガス、疲れを癒やすかぼちゃの組み合わせ。ビタミンもたっぷりで、紫外線から肌を守ります。

豚こま・オクラ・セロリのすっきりスープ

熱と水分を調整する

陰を養う豚肉と、食物繊維が豊富なオクラ、気をめぐらすセロリでむくみと渇きのバランスをとります。

材料／1人分

豚こま切れ肉……80g

【酒大さじ1、塩少々】

オクラ……2本

セロリ……軸½本、葉1枝分

A［鶏ガラスープの素小さじ1
酒大さじ1

ごま油……大さじ½

しょうがのすりおろし……小さじ⅓

しょうゆ……大さじ½

作り方

1 豚肉は食べやすく切り、【 】をふる。オクラは斜め半分に、セロリの軸は斜め薄切りに、葉は細切りにする。

2 深めのフライパンにごま油を温め、豚肉を炒める。肉の色が変わったらオクラとセロリの軸を炒め合わせる。湯200㎖とAを加えて混ぜる。

3 沸騰したらセロリの葉を加え、しょうがとしょうゆで味を調える。火を止め、ジャーに注ぐ。

豚角切り・赤ピーマン・玉ねぎのピリ辛みそスープ

疲れを癒やす

豚肉と玉ねぎの食べ合わせで疲労を回復。気のめぐりも良くなります。辛味みそが、消化も助けます。

材料／1人分

豚カレー用角切り肉……80g
【酒大さじ1、塩少々】
赤ピーマン……1個
（または赤パプリカ½個）
玉ねぎ……⅓個
A ［鶏ガラスープの素小さじ1
　 酒大さじ1
みそ……大さじ1
カイエンペッパー……少々
（または一味唐辛子）
オリーブ油……小さじ1

作り方

1 豚肉は食べやすく切り、【 】をふる。ピーマンと玉ねぎは乱切りにする。

2 深めのフライパンにオリーブ油を温め、玉ねぎとカイエンペッパーを炒める。香りが立ってきたら豚肉を加えて炒め、肉の色が変わったらピーマンを加えて炒め合わせ、200㎖の湯とAを加え混ぜる。

3 沸騰したらみそを溶き入れる。火を止め、ジャーに注ぐ。

豚ひき・ミニトマト・ズッキーニのガーリックスープ

気をめぐらせる

豚肉で陰を養い、
ミニトマトとズッキーニで
身体の熱と水分のバランスをとります。
にんにくの香りで気がめぐり、
すっきりした気分に。

材料／1人分

豚赤身ひき肉……100g
【酒・塩・黒こしょう・オリーブ油各少々】
ミニトマト……5個
ズッキーニ……⅓本
A［鶏ガラスープの素小さじ1、酒大さじ1
にんにくのみじん切り……小さじ½
オリーブ油……大さじ1
塩、黒こしょう……各少々
ミントの葉（あれば）……少々

作り方

1 ひき肉は【 】をなじませる。ズッキーニは輪切りにして、さらに半分にする。

2 深めのフライパンにオリーブ油を温め、にんにくを炒める。香りが立ってきたら、ひき肉、ズッキーニ、トマトも加えて炒め合わせる。湯200mℓとAを加えて混ぜる。

3 沸騰したら、塩、こしょうで味を調え、火を止める。ジャーに注ぎ、ミントの葉*をのせる。*食べる直前に加えてもよい

牛切り落とし・ほうれんそう・さつまいもの黒ごまスープ

血を作る

鉄分が豊富で血を補う牛肉とほうれんそう、鉄分の吸収に不可欠なビタミンCが豊富なさつまいもの組み合わせ。黒ごまも、気と血を養います。

材料／1人分

牛切り落とし肉（赤身）……80g
【酒大さじ1、塩・黒こしょう各少々】
ほうれんそう……4株
さつまいも……⅓本（60g）
A［鶏ガラスープの素小さじ1、酒大さじ1
オリーブ油……大さじ½
しょうゆ……大さじ½
黒すりごま……大さじ1

作り方

1 牛肉は食べやすく切り、【 】をふる。ほうれんそうはざく切りに、さつまいもは小さめの棒状に切る。

2 深めのフライパンにオリーブ油を温め、さつまいもを炒める。油が回ったら牛肉を加えて炒め、肉の色が変わったらほうれんそうも加え、炒め合わせる。湯200㎖とAを加えて混ぜる。

3 沸騰したらしょうゆ、黒ごまを加えてよく混ぜる。火を止め、ジャーに注ぐ。

牛切り落とし・じゃがいも・にんじんのボルシチ風

髪を養う

牛肉、にんじんともに血を養い、じゃがいものビタミンCが鉄分の吸収を促します。鉄分は、血でできている髪の毛の白髪予防にも働きます。紫系の野菜の色素にはポリフェノールが豊富に含まれています。

材料／1人分

牛切り落とし肉（赤身）……80g
【酒大さじ1、塩・黒こしょう各少々】
じゃがいも……１個
にんじん……小１本
鶏ガラスープの素……小さじ１
赤ワイン（または酒）……大さじ１
野菜ジュース（紫系）……200mℓ
オリーブ油……大さじ½
塩、黒こしょう……各少々
イタリアンパセリ（あれば）……適量

作り方

1 牛肉は食べやすく切り、【 】をふる。じゃがいもとにんじんは乱切りにする。

2 深めのフライパンにオリーブ油を温め、にんじんとじゃがいもを炒める。油が回ったら牛肉を加えて炒め、赤ワイン、湯100mℓを加えてひと混ぜする。沸騰したらアクをとり、鶏ガラスープの素と野菜ジュースを加える。

3 再沸騰したら、塩、こしょうで味を調える。火を止め、ジャーに注ぎ、ちぎったイタリアンパセリ*を加える。*食べる直前に加えてもよい

牛切り落とし・セロリ・ズッキーニのスープ

胃熱をとる

牛肉で脾と胃を養い、セロリとズッキーニで食べすぎによる胃の熱をとります。

材料／1人分

牛切り落とし肉（赤身）……80g
【酒大さじ1、塩・黒こしょう各少々】
セロリ……軸½本、葉1枝分
ズッキーニ……⅓本
A［鶏ガラスープの素小さじ1
　酒大さじ1
塩、黒こしょう……各少々

作り方

1 牛肉は食べやすく切り、【 】をふる。セロリは軸は乱切り、葉はざく切りに、ズッキーニは乱切りにする。

2 小鍋に水250mℓを沸騰させ、Aとセロリ、ズッキーニを加える。再沸騰したら牛肉を加えてひと煮する。

3 アクをとり、塩、こしょうで味を調える。火を止め、ジャーに注ぐ。

合いびき肉・玉ねぎ・かぼちゃのタイカレー風

元気が出る

合いびき肉とかぼちゃで、気を養います。ココナッツミルクで熱をとり、レーズンで鉄分補給を。

材料／1人分

合いびき肉……100g
【酒大さじ1、塩・黒こしょう各少々】
玉ねぎ……½個
かぼちゃ
……ひと口大のくし形3個（80g）
A［鶏ガラスープの素小さじ1
　酒大さじ1
ココナッツミルク……150mℓ
タイカレーペースト（レッド）
……大さじ½
レーズン、バジルの葉……各適量

作り方

1 ひき肉は【 】を加えて粘りが出るまでよく混ぜる。玉ねぎは大さじ1分をすりおろしてひき肉に混ぜ、残りはざく切りにする。かぼちゃはさらに乱切りにする。

2 小鍋に水100mℓと玉ねぎを入れて火にかける。沸騰したらAとかぼちゃを加えてひと煮する。ココナッツミルクを加えて、再沸騰したらひき肉を加え混ぜる。

3 カレーペーストを溶いて火を止める。ジャーに注ぎ、レーズンとバジル*を加える。

*食べる直前に加えてもよい

生鮭・白菜・にんじんの粕汁風

元気が出る

気を補う鮭と、
血を補うにんじんの組み合わせ。
消化を助ける白菜と、
胃の働きを活発にするしょうがで
吸収力もアップします。

材料／1人分

生鮭……1切れ
【酒大さじ1、塩少々】
白菜……１枚
にんじん……½本
A［鶏ガラスープの素小さじ１、酒大さじ１
しょうがの薄切り……４～５枚
酒粕……大さじ２
みそ……大さじ½

作り方

1 鮭は３～４等分に切り、【 】をふる。白菜はざく切り、にんじんは輪切りにする。

2 小鍋に水250mℓとしょうが、にんじんを入れて火にかける。沸騰したら白菜の軸の部分を加えてひと煮し、鮭とAを加える。鮭の色が変わったら、酒粕とみそを溶き入れる。

3 再沸騰したら、白菜の葉を加えてひと混ぜする。火を止め、ジャーに注ぐ。

生たら・さつまいも・キムチの甘辛スープ

免疫力を上げる

たらは腎気を補い、キムチの乳酸菌と、さつまいもの食物繊維で腸内環境を整えます。疲労回復も助けます。

材料／1人分

生たら……1切れ
【酒大さじ1、塩少々】
さつまいも……小½本（80g）
白菜キムチ……50g
A［鶏ガラスープの素小さじ1
　酒大さじ1
しょうゆ……小さじ1

作り方

1 たらは3～4等分に切り、【 】をふる。さつまいもは乱切りに、キムチは食べやすく切る。

2 小鍋に水250㎖とさつまいもを入れて火にかける。沸騰したらAとキムチを加える。再沸騰したら、たらを加えてひと煮する。

3 しょうゆで味を調えたら、火を止め、ジャーに注ぐ。

シーフードミックス・玉ねぎ・にんじんのカレースープ

血を作る

血を作るイカ、陽気を補うエビ、亜鉛を補給できるアサリ。玉ねぎは気と血のめぐりを助けて、にんじんのカロテンが、血をきれいにします。

材料／1人分

冷凍シーフードミックス（エビ、イカ、アサリ）……100ｇ
玉ねぎ……1/3個
にんじん……1/2本
A［鶏ガラスープの素小さじ1
　 酒大さじ1
カレー粉……小さじ2～3
塩、こしょう……各少々

作り方

1 シーフードミックスは流水で洗って水けをきり、酒大さじ1（分量外）をふる。玉ねぎとにんじんは角切りにする。

2 小鍋に水250mℓと玉ねぎ、にんじんを入れて火にかける。沸騰したらAと汁けをきったシーフードミックスを加えてひと混ぜする。

3 再沸騰したら、カレー粉、塩、こしょうで味を調える。火を止め、ジャーに注ぐ。

エビ・ブロッコリー・里いもの柚子こしょうスープ

元気が出る

エビとブロッコリーには元気のもとである陽の気を補う力があります。独特の香りと辛味の柚子こしょうで、滞った気もスムーズに。里いもには、体内の余分な痰をとる力があります。

材料／1人分

エビ（ブラックタイガー）……5尾
ブロッコリー……3～4房（100g）
里いも……1個
A［鶏ガラスープの素小さじ1、酒大さじ2
長ねぎの斜め切り……適量
塩、こしょう……各少々
柚子こしょう……少々

作り方

1 エビは殻と背ワタを除き、塩少々でもんで洗い、酒大さじ⅔をふる（ともに分量外）。里いもはひと口大に切る。

2 小鍋に水250mℓと里いもを入れて火にかける。沸騰したらAと汁けをきったエビ、長ねぎを加えてひと煮する。再沸騰したらブロッコリーを加える。

3 再度沸騰したら、塩、こしょうで味を調えて火を止める。ジャーに注ぎ、柚子こしょう*をのせる。*食べる直前に加えてもよい

サバ缶・小松菜・かぼちゃのこくまろスープ

血を作る

血をきれいにする
オメガ3脂肪酸が豊富なサバ。
ビタミンACE野菜である
小松菜とかぼちゃは、
血を補い、粘膜も強化します。

材料／1人分

サバ水煮缶……½缶
小松菜……３株
かぼちゃ……ひと口大のくし形３個（80g）
A［鶏ガラスープの素小さじ１、酒大さじ１
しょうがの薄切り……４～５枚
しょうゆ……小さじ１

作り方

1 サバ缶に酒大さじ１（分量外）を加える。小松菜はざく切りにする。

2 小鍋にサバの缶汁と水を合わせたもの250㎖と、かぼちゃ、しょうがを入れて火にかける。沸騰したらAとサバ、小松菜を加えてひと煮する。

3 再沸騰したら、しょうゆで味を調える。火を止め、ジャーに注ぐ。

アサリ缶・キャベツ・玉ねぎのチャウダー風

材料／1人分

アサリ水煮缶……小1缶（50g）
キャベツ……葉2枚
玉ねぎ……1/3個
A［鶏ガラスープの素小さじ1、酒大さじ1/2
B［牛乳75㎖、小麦粉小さじ1と1/2
牛乳……75㎖
バター……10g
塩、黒こしょう……各少々

作り方

1 キャベツと玉ねぎは1㎝角に切る。Bはよく混ぜておく。

2 小鍋にアサリの缶汁と水を合わせたもの100㎖と玉ねぎを入れて火にかける。沸騰したらAとキャベツを加えてひと煮する。再沸騰したら牛乳とアサリ、バターを加えて混ぜる。

3 Bを加えて泡だて器などでよく混ぜる。再度沸騰してから30秒煮る。塩、こしょうで味を調えたら火を止め、ジャーに注ぐ。

身体を潤す

アサリと牛乳とバターは
身体を潤してくれる組み合わせ。
アサリは亜鉛も豊富です。
キャベツは胃の働きを、
玉ねぎは気と血のめぐりを助けます。

豆腐・溶き卵・ミニトマトのサンラータン風

体熱を冷ます

のぼせやすい人や暑がりの人向きの組み合わせ。豆腐とトマトは身体にこもった熱をとると同時に、アンチエイジングにも効果的。長ねぎと酢が、気血のめぐりを促します。

材料／1人分

豆腐……⅓丁（100g）
溶き卵……1個分
ミニトマト……6個
A［鶏ガラスープの素小さじ1と½、酒大さじ½
長ねぎの小口切り……適量
ナンプラー……小さじ2
B［片栗粉小さじ1、酒小さじ½
酢……小さじ1～2（好みで）

作り方

1 豆腐は1㎝角に切る。溶き卵は酒大さじ½（分量外）を加え混ぜる。

2 小鍋に水250㎖を沸騰させ、Aと豆腐、ミニトマトを加える。再沸騰したら溶き卵を流し入れ、長ねぎとナンプラーを加えて混ぜる。

3 よく溶いたBを加えてひと混ぜしたら火を止める。ジャーに注ぎ、酢*を加えてひと混ぜする。*食べる直前に加えてもよい

大豆・白菜・ベーコンの あっさりスープ

水分バランスを整える

食物繊維とイソフラボンが豊富な大豆は、利尿作用もあります。白菜とベーコンで胃腸の働きを補います。

材料／1人分

大豆水煮……100ｇ
白菜……１枚
ベーコン……２枚
A［鶏ガラスープの素小さじ１ 酒大さじ１
オリーブ油……小さじ１弱
塩、黒こしょう……各少々

作り方

1 白菜はざく切りに、ベーコンは２㎝幅に切る。

2 深めのフライパンにオリーブ油を温め、ベーコンを軽く炒め、白菜を加えて全体に油が回るまで炒める。湯200㎖と大豆水煮、Aを加えて煮る。

3 再沸騰したら、塩、こしょうで味を調える。火を止め、ジャーに注ぐ。

厚揚げ・なす・みょうがの中華風スープ

体熱を冷ます

なすと厚揚げは
余分な熱と水分をとります。
みょうがは
気と血のめぐりを促します。

材料／1人分

厚揚げ……小1枚
なす……小1個
みょうが……2個
A［鶏ガラスープの素小さじ1
　 酒大さじ1
ごま油、しょうゆ……各大さじ½

作り方

1 厚揚げは熱湯をかけて油抜きをし、1cm厚さに切る。なすとみょうがは縦に食べやすく切り分ける。

2 深めのフライパンにごま油を温め、厚揚げとなすを入れ、全体に油が回るまで炒め、みょうがを加える。湯200mℓを加えて煮る。

3 沸騰したら、Aを加えてひと混ぜし、しょうゆで味を調える。火を止め、ジャーに注ぐ。

油揚げ・さつまいも・いんげんのみそスープ

血圧を下げる

油揚げは温性の食材。
さつまいもは気血とともに、
「陰」を補います。
いんげんは、
余分な湿をとってくれます。

材料／1人分

油揚げ……1枚
さつまいも
……小1本（120～150g）
いんげん……8本
A［鶏ガラスープの素小さじ1
　酒大さじ1
みそ……大さじ½

作り方

1 油揚げは熱湯をかけて油抜きをし、縦半分にして細切りにする。さつまいもはいちょう切りに、いんげんは食べやすく切る。

2 小鍋に水250mℓとさつまいもを入れて火にかける。沸騰したらAを加えて混ぜ、油揚げといんげんも加える。

3 再沸騰したら、みそを溶き入れひと混ぜする。火を止め、ジャーに注ぐ。

Part 2

季節別

季節と体調に応じた薬膳スープ

季節の変化に伴って出やすい症状は旬の食材をとり入れることで、改善できます。薬効の高い乾物と合わせれば、さらに滋味深いスープに。

季節ごとの養生ととりたい食材・乾物

自然との調和を基本とする薬膳は、季節に合わせた食養生を大切にします。旬の食材と、薬効が凝縮された乾物を組み合わせると それぞれの季節に最適なスープを作ることができます。

秋〜初冬

空気が次第に引き締まって乾き、乾燥し始める季節です。夏に消耗した「気」と「水」を補い、冬に備える準備をしましょう。脾と胃の働きをしっかり養って、陰と水（津液〈しんえき〉）を補う食材を選びます。

秋は、収穫の季節でもあります。この時期に実るものは、夏の太陽と大地のエネルギーがたっぷりと蓄積されているので、秋が旬のものをとると、気のエネルギーを補いやすくなります。一方で、秋は「肺」の臓に焦点が当たる季節。肺には身体を潤して、外から異物が入ってくるのを防ぐ働きがありますが、乾燥するとその力が低下してしまいます。肺の入口である鼻や口の粘膜も乾燥させないよう注意しましょう。

厳しい冬に備えて、栄養をしっかりとりましょう。気の宝庫である穀物やいも類のほか、鶏、牛、豚などのたんぱく質で体力と免疫力を高めておくと安心です。

＊出やすい症状

脾・胃の冷え、夏疲れ、倦怠感、冷え性、風邪、免疫力低下、便秘、下痢

＊とりたい食材・乾物

緑黄色野菜（小松菜、チンゲン菜、赤ピーマン）、梨、柿、イカ、穀類、いも類、干し貝柱、黒きくらげ、白きくらげ、切干大根

真冬

空気が冷たく乾燥し、身体にとって厳しさがこたえる季節。寒さによるダメージが響きます。

何より大切なのは、冷えを身体に入れないこと。身体が冷えるとめぐりが悪くなり、五臓六腑の働きが低下して、免疫力も下がってしまうからです。

皮膚や粘膜を外の邪気から守るには、「気」の充実が重要です。旬の食材から気をとり入れるようにしましょう。冬の臓である「腎」は、冷えが苦手です。腰を始め、首、手首、足首など、経絡の通り道を温めることが大切です。また、黒いものは腎気を養うので、積極的にとるようにしましょう。

冬が旬の食材は、涼性、寒性の食材も少なくないので、しょうがやスパイスをあわせてとることが大切です。ただし生のしょうがは、かえって身体を冷やすので、加熱するか干ししょうがを使うこと。

＊出やすい症状

下半身の冷え、風邪、冷え性、瘀血、睡眠不足、関節痛、むくみ、倦怠感、免疫力低下

＊とりたい食材・乾物

緑黄色野菜（チンゲン菜）、根菜（れんこん、にんじん）、山いも、鮭、たら、黒きくらげ、干ししいたけ、ナツメ、クコの実、黒豆茶

晩冬〜春

陽の気が次第に高まっていき、さまざまな生物が芽吹くと同時に、縮こまっていた身体が目覚め、ほぐれる季節です。

冬の間、エネルギーを温存するためにためこんで滞っていた不要なものを外に出しましょう。身体をゆっくり動かして「気」をめぐらせば、おのずと「血」や「水」の流れもスムーズになります。

春の臓である「肝」の働きを促すのは酸味ですが、それを下におろす作用のある苦みのものをとり入れると、解毒がスムーズに行われます。肝は、気のめぐりや解毒を担っているので、肝が良く働けば、新陳代謝も良くなって解毒もすすみます。

一方で、春は神経が不安定になりやすい時期でもありますが、肝は気持ちの安定も司っているので、肝の養生をしっかりすると働きが良くなり、気も流れて安定します。

＊出やすい症状

風邪、花粉症、気分の浮き沈み、ストレス、むくみ、自律神経の乱れ

＊とりたい食材・乾物

緑黄色野菜（ナバナ、ブロッコリー、スナップえんどう）、鮭、たら、桜エビ、干ししいたけ、高野豆腐、かんきつ類

梅雨

重く湿った外気が邪気となって入りこみ、身体に湿が一番たまりやすい季節。

薬膳では、春、夏、秋、冬と、それぞれの季節の変わり目にあたる土用を加え、季節を5つに分けて考えます。土用のうち、一番私たちが影響を受けやすいのが梅雨の季節。梅雨は東アジア特有のもので、とくに体調に気をつけたい時期です。

梅雨の季節の邪気が身体に入ると、この時期の臓である「脾」の働きを低下させて消化不良を起こし、気と水のめぐりが滞って、身体がだるくむくみやすくなります。湿邪をとり除き、体内の水分バランスを整えてくれる食材と、脾と胃を温めて、気を補うたんぱく質も積極的にとりましょう。

また、食べものが急に傷みやすくなるので扱いには注意が必要です。しょうがやにんにくといった抗菌作用のある薬味も積極的にとりましょう。

＊とりたい食材・乾物

緑黄色野菜(オクラ、いんげん)、トマト、きゅうり、冬瓜、とうもろこし、干し豆腐、ナツメ、ひじき

＊出やすい症状

寝不足、むくみ、倦怠感、消化不良、食中毒

盛夏～残暑

最近は、酷暑と呼ばれるほど厳しい暑さと重たい湿に悩まされる季節です。

暑さと熱中症対策には水分が必須ですが、とりすぎはむくみのもとになります。旬の野菜や果物などからも水分をとるようにし、ハトムギや冬瓜など利尿作用のある食べものをあわせてとることも大切です。汗とともに排出してしまうビタミンやミネラルもこまめに補充し、汗を抑える作用がある酸味のものをとるといいでしょう。冷たいもののとりすぎは、内臓の機能を低下させ、かえって夏バテを誘引します。

夏の臓である「心」を養うには苦みのある食材と睡眠が効果的。冷房による夏の冷えには、生ものや脂っこい食事を避け、にんにく、しょうが、唐辛子など辛味のものを少しとり、めぐりを促します。シャワーで済ませず浴槽に入って身体を温めると、めぐりが改善します。

＊とりたい食材・乾物

緑黄色野菜(ピーマン、いんげん、かぼちゃ)、とうもろこし、きゅうり、パプリカ、黒きくらげ、白きくらげ、干し貝柱、緑豆

＊出やすい症状

夏バテ、熱中症、寝不足、むくみ、消化不良、夏冷え

薬膳と相性のいい乾物便利帳

**薬効が凝縮された乾物は、
スープジャーによる保温調理に最適な食材。
乾物によっては戻し汁ごと
うまみの強いスープとして使えます。
レシピに登場する乾物の薬効と、
戻し方をご紹介。**

＊切干大根
＊高野豆腐
＊ひじき

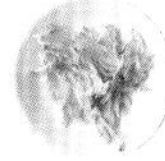
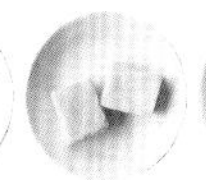
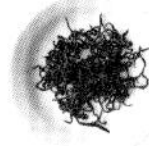

切干大根は、気と血のめぐりを促し、脾と胃の働きを助ける。食物繊維が豊富。高野豆腐は、身体の熱を冷まし、脾と胃の働きを助ける。たんぱく質が豊富。ひじきは、血を補ってめぐりを促し、しこりやしびれを改善する。ミネラルが豊富。
【戻し方】 ぬるま湯に5分ほどひたして戻し、水の中で押し洗いをして数回水を替えてすすぎ、水けを絞る。

＊黒豆茶
＊ナツメ
＊クコの実

黒豆茶は、血を補い、めぐりを促す。腎を補い、陰を養う。解毒作用もある。ナツメは、気と血を補い、脾と胃の働きを助ける。種があるので注意。クコの実は、腎と肝を補い、加齢による諸症状を改善。ビタミンEが豊富。
【戻し方】 戻さず、そのまま鍋に入れる。

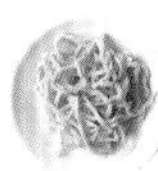

＊干し豆腐

中華食材で、かための豆腐をさらに圧縮・脱水したもの。むくみや便秘を改善し、陰と気を補う。低カロリーでたんぱく質が豊富。
【戻し方】 熱湯を回しかけて水けを絞る。

＊黒きくらげ
＊白きくらげ

黒きくらげは、血をきれいにし、めぐりを良くする。陰を補い、腎の働きを助ける。白きくらげは、皮膚と粘膜を潤し、免疫力を高める。陰を養い、肺の働きを助ける。
【戻し方】 前の晩から水にひたし、ある程度戻ったら一度良く洗って、たっぷりの水にひたして冷蔵庫に入れてゆっくり戻す。常備する場合はまとめて戻し、空気に触れないようにラップで覆い、密閉容器に入れておけば冷蔵で1週間ほど保存可能。

＊桜エビ
＊干し貝柱

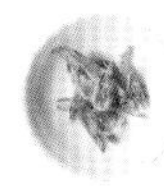
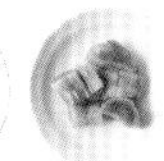

桜エビは、陽気を補ってめぐりを促し、身体を温める。カルシウムが豊富。干し貝柱は、気や血を補ってめぐりを良くする。腎の気を補う。ミネラルも豊富。
【戻し方】 酒またはぬるま湯に3分ほどひたして戻す。汁ごとスープに加える。

＊干ししいたけ

干ししいたけは、気を補い、気や血のめぐりを良くする。脾と胃を補って、免疫力を高める。
【戻し方】 前の晩から水にひたし、冷蔵庫に入れてゆっくり戻す。戻し汁はスープに使える。常備する場合はまとめて戻し、空気に触れないようにラップで覆い、密閉容器に入れておけば冷蔵で1週間ほど保存可能。

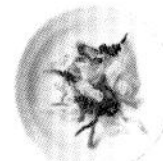

＊干し野菜ミックス

最近は、さまざまな組み合わせで干し野菜ミックスが市販されている。スープジャーなら、わざわざ戻す必要もなく扱いやすいので、常備しておくと便利。
【戻し方】 そのまま鍋に入れてすぐ火を止める。または、表示にある通りに戻す。

黒きくらげ・赤ピーマン・牛肉の甘辛スープ

冷え・免疫力低下

黒きくらげは血のめぐりを良くするほか、免疫力を高めるビタミンDが豊富です。抗酸化作用が高い赤ピーマンと血と気を補う牛肉で、寒さに負けない身体を作ります。

材料／1人分

黒きくらげ
……戻したもの約40g（乾燥状態で4g）
赤ピーマン……1個（または赤パプリカ½個）
牛切り落とし肉（赤身）……80g
【酒大さじ1、塩少々】
A［鶏ガラスープの素小さじ1、酒大さじ1
長ねぎ（青い部分のブツ切り）……適量
しょうゆ……小さじ1
ごま油……小さじ1

作り方

1 黒きくらげはひと口大にちぎる。ピーマンは乱切りに、牛肉は食べやすく切り、【 】をふる。

2 小鍋に水250mℓと黒きくらげを入れて火にかける。沸騰したら、Aと長ねぎを加えて混ぜ、牛肉を入れる。肉の色が変わったら、ピーマンを加える。

3 再沸騰したら、しょうゆで味を調えて火を止める。ジャーに注ぎ、ごま油*をたらす。*食べる直前に加えてもよい

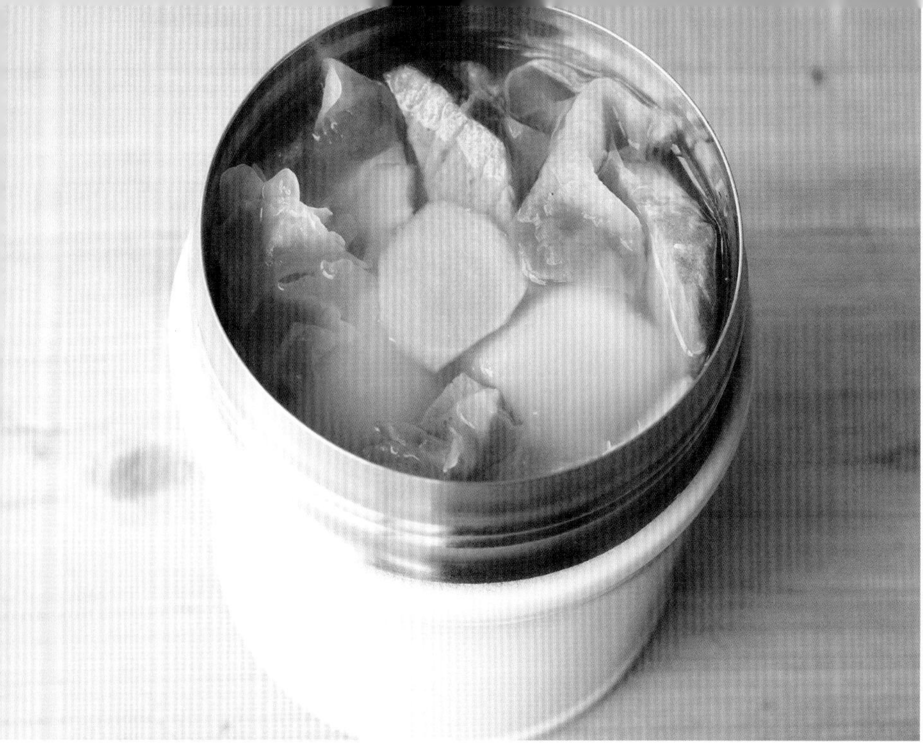

白きくらげ・梨・焼き豚のとろみスープ

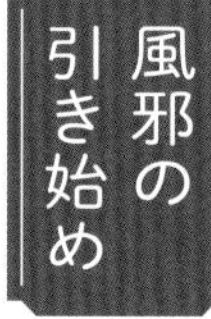

白きくらげと梨は、肺を潤し、のどの渇きや空咳を改善します。豚肉には、身体の休息を司る「陰」を養う力があります。

材料／1人分

白きくらげ
……戻したもの約20ｇ
（乾燥状態で3ｇ）
梨（またはりんご）……⅓個
焼き豚……60ｇ
【酒大さじ½】
A ［鶏ガラスープの素小さじ１
　 酒大さじ１
しょうがの薄切り……４～５枚
塩、黒こしょう……各少々

作り方

1 白きくらげはひと口大にちぎる。梨はひと口大に、焼き豚は食べやすく切り、【 】をふる。

2 小鍋に水250mℓと白きくらげ、しょうがを入れて火にかける。沸騰したらAと梨、焼き豚を入れる。

3 再沸騰したら、塩、こしょうで味を調える。火を止め、ジャーに注ぐ。

干し貝柱・チンゲン菜・鶏むね肉のこっくりスープ

寝不足・倦怠感

干し貝柱は腎を養い、チンゲン菜は血の流れを促します。疲労回復効果の高い鶏肉と合わせ、身体のつまりを解消します。

材料／1人分

干し貝柱（こわれ）……小さじ１
チンゲン菜……1株
鶏むね肉……⅓枚（80g）
【酒大さじ1、塩・黒こしょう各少々】
A［鶏ガラスープの素小さじ１／酒大さじ½］
しょうがの薄切り……４～５枚
塩、黒こしょう……各少々

作り方

1 干し貝柱は酒大さじ１（分量外）をふる。チンゲン菜は軸から４つ割りし、食べやすく切る。鶏肉はそぎ切りにし、【】をふる。

2 小鍋に水250mℓとしょうが、貝柱を汁ごと入れて火にかける。沸騰したらA、鶏肉を入れ、肉の色が変わったら、チンゲン菜を加えてひと混ぜする。

3 塩、こしょうで味を調えたら火を止め、ジャーに注ぐ。

切干大根・小松菜・イカの塩麹スープ

便秘・下痢

切干大根は、気や血のめぐりを促し、
腸内環境を整えます。
陰を養い、腸を潤す小松菜と、
肝臓の働きを高めるイカで
寒い冬に向けて、身体のめぐりを整えます。

材料／1人分

切干大根……10g（乾燥状態で）
小松菜……２株
イカそうめん……80g
A［鶏ガラスープの素小さじ１、酒大さじ１
しょうがの薄切り……４～５枚
塩麹……小さじ２

作り方

1 戻した切干大根は食べやすく切る。小松菜はざく切りにする。イカそうめんは酒大さじ１と塩少々（ともに分量外）をふる。

2 小鍋に水250㎖と切干大根、しょうがを入れて火にかける。沸騰したらA、小松菜の軸、イカそうめんを汁けをきって加える。

3 再沸騰したら、小松菜の葉と塩麹を加える。ひと混ぜして火を止め、ジャーに注ぐ。

真冬

黒きくらげ・チンゲン菜・生鮭の甘辛スープ

瘀血(おけつ)
生理痛

瘀血は寒さや血のめぐりの悪さによって血が滞ってしまう状態。
黒きくらげ、チンゲン菜、鮭はいずれも血を養い、めぐりを良くするので真冬に最適の組み合わせ。

材料／1人分

黒きくらげ……戻したもの約40ｇ（乾燥状態で4ｇ）
チンゲン菜……１株
生鮭……１切れ
【酒大さじ1、塩少々】
A [鶏ガラスープの素小さじ１、酒大さじ１
しょうがの薄切り……４～５枚
しょうゆ…小さじ１

作り方

1 黒きくらげは食べやすくちぎる。チンゲン菜は軸から４つ割りし、食べやすく切る。鮭は３～４等分に切り、【】をふる。

2 小鍋に水250㎖と黒きくらげ、しょうがを入れて火にかける。沸騰したらAと鮭を加える。再沸騰したら、チンゲン菜を加えてひと混ぜする。

3 しょうゆで味を調える。火を止め、ジャーに注ぐ。

黒豆茶・クコの実・鶏肉のあっさりスープ

材料／1人分

黒豆茶……大さじ3
クコの実……小さじ1
鶏ももから揚げ用……3個
【酒大さじ1、塩・黒こしょう各少々】
A［鶏ガラスープの素小さじ1、酒大さじ1
しょうがの薄切り……4～5枚
塩、黒こしょう……各少々

作り方

1 鶏肉は大きければそぎ切りにし、【】をふる。

2 小鍋に水250mℓとしょうがを入れて火にかける。沸騰したらAと鶏肉を加え、肉の色が変わったら黒豆茶、クコの実を加えてひと混ぜする。

3 塩、こしょうで味を調える。火を止め、ジャーに注ぐ。

むくみ 肌トラブル

冬の臓である「腎」を養う黒豆は、余分な水分を出す働きでむくみを改善、陰を補うことで解毒を促し、吹き出物などの改善にも働きます。黒豆は食べすぎると消化不良を起こすので胃腸の弱い方はほどほどに。

干し野菜ミックス・小松菜・たらのミルク粕スープ

食欲不振
消化不良

干し野菜は食物繊維が豊富。小松菜は腸を潤します。たらは腎の気を養い、バターは皮膚に潤いを補います。

材料／1人分

干し野菜ミックス（にんじん、キャベツ）……20g
小松菜……２株
生たら……１切れ
【酒大さじ1、塩・黒こしょう各少々】
A［鶏ガラスープの素小さじ１
　酒大さじ１
B［牛乳150mℓ
　酒粕大さじ１と½
しょうがの薄切り……４～５枚
バター……10ｇ
塩、黒こしょう……各少々

作り方

1 小松菜はざく切りに、たらは３～４等分に切り、【 】をふる。Bをよく混ぜておく。

2 小鍋に水100mℓとしょうが、たらを入れて火にかける。沸騰したらAとB、小松菜を入れてよく混ぜる。

3 バターを加えて塩、こしょうで味を調える。火を止め、干し野菜ミックスを入れたジャーに注ぐ。

ナツメ・干し野菜ミックス・豚肉の甘辛スープ

冷え・体力低下

豚肉は脾、胃と腎に働き、陰・気・血を養います。ナツメは気と血を養い、免疫力を高めます。

材料／1人分

ナツメ……3個
干し野菜ミックス
（にんじん、キャベツ）……20g
豚切り落とし肉……80g
【酒大さじ1、塩少々】
A［鶏ガラスープの素小さじ1
　酒大さじ1
しょうゆ……小さじ1

作り方

1 豚肉は食べやすく切り、【】をふる。

2 小鍋に水250mℓとナツメを入れて火にかける。沸騰したらAと豚肉を加える。

3 しょうゆで味を調え、火を止める。干し野菜ミックスを入れたジャーに注ぐ。

クコの実・おろしれんこん・鶏ひきのすり流し風

材料／1人分

クコの実……大さじ1
れんこん……100g
鶏ひき肉……100g
【酒大さじ1、塩少々】
A［鶏ガラスープの素小さじ1、酒大さじ1
しょうがのすりおろし……小さじ1
黒いりごま……大さじ1
塩……少々

作り方

1 ひき肉は【 】をなじませる。れんこんはすりおろす。

2 小鍋に水250mℓを沸騰させ、ひき肉を加えて混ぜ、Aを加える。れんこんを加えてひと混ぜする。

3 スープが半透明になったらクコの実としょうが、黒ごまを加える。塩で味を調えて火を止め、ジャーに注ぐ。

瘀血（おけつ）
冷えのぼせ

クコの実は肝と腎を養い、
血を作ります。鶏肉は気を養います。
れんこんは身体の余分な熱をとりながら
陰を補い、瘀血を改善します。
更年期ののぼせにも有効です。

桜エビ・アスパラガス・新じゃがのあっさりスープ

代謝不良 気分沈滞

桜エビは陽の気を補い、
カルシウムや
アスタキサンチンも補給します。
アスパラガスで新陳代謝を促し、
新じゃがが気を養うので
冬にたまったいらないものを
解毒する力があります。

材料／1人分

桜エビ……大さじ2
グリーンアスパラガス……3本
新じゃがいも……小2個
A［鶏ガラスープの素小さじ1、酒大さじ1
しょうゆ……小さじ1

作り方

1 桜エビは酒大さじ1（分量外）をふる。アスパラガスは食べやすく切る。じゃがいもは半分に切る。

2 小鍋に水250mℓとじゃがいもを入れて火にかける。沸騰したらAと桜エビを汁ごと、アスパラガスを加えてひと混ぜする。

3 再沸騰したら、しょうゆで味を調える。火を止め、ジャーに注ぐ。

干ししいたけ・春キャベツ・鶏肉のみそスープ

消化不良
気分沈滞

キャベツが脾、胃の働きを助け、
干ししいたけと鶏肉で気を養います。
キャベツと干ししいたけの食物繊維で
腸内環境を整えながら
季節の変わり目の
心身の不安定さをカバーします。

材料／1人分

干ししいたけ……戻したもの２枚
干ししいたけの戻し汁……適量
春キャベツ……３枚
鶏むね肉……⅓枚（80g）
【酒大さじ1、塩少々】
A［鶏ガラスープの素小さじ１、酒大さじ１
みそ……小さじ１

作り方

1 しいたけはそぎ切り、キャベツは食べやすくちぎる。鶏肉はそぎ切りにし、【 】をふる。

2 小鍋に、水としいたけの戻し汁を合わせて250mℓにしたものとしいたけを入れて火にかける。沸騰したらアクをとり、Aと鶏肉を入れて火にかける。肉の色が変わったら、キャベツを加えて混ぜる。

3 再沸騰したら、みそを溶き入れる。火を止め、ジャーに注ぐ。

干ししいたけ・菜の花・ツナのクリームスープ

疲労
気分沈滞

菜の花が肝臓の働きを助け、解毒を促します。干ししいたけとツナが気を養います。

材料／1人分

干ししいたけ……戻したもの2枚
干ししいたけの戻し汁……適量
菜の花……80g
ツナ缶（ノンオイル）……小1缶
A［鶏ガラスープの素小さじ1
　 酒大さじ1
玉ねぎの薄切り……適量
クリームコーン缶……¾カップ
バター……10g
塩、黒こしょう……各少々

作り方

1 しいたけはそぎ切り、菜の花は食べやすく切る。

2 小鍋に水としいたけの戻し汁を合わせて100mℓにしたものとしいたけ、玉ねぎを入れて火にかける。沸騰したらアクをとり、A、菜の花、缶汁をきったツナ、クリームコーン、バターを加えてひと混ぜする。

3 再沸騰したら、塩、こしょうで味を調える。火を止め、ジャーに注ぐ。

高野豆腐・にんじん・ブロッコリーのキャロットスープ

体力低下・貧血気味

高野豆腐はたんぱく質のほか、ビタミンとミネラルも豊富です。血を作るにんじんをすりおろして油で炒めることで、β-カロテンの吸収率も高くなります。

材料／1人分

高野豆腐……戻したもの1枚
にんじん……大$\frac{1}{2}$本（100g）
ブロッコリー……3～4房（100g）
A［鶏ガラスープの素小さじ1
　 酒大さじ1
オリーブ油……小さじ1
にんにくの薄切り……2枚
バター……10g
塩、黒こしょう……各少々

作り方

1 高野豆腐は4等分に切る。にんじんはすりおろす。

2 深めのフライパンにオリーブ油とにんにくを入れて火にかける。香りが立ったら高野豆腐とブロッコリーを加えて軽く炒める。にんじんを加えてひと混ぜし、湯200mℓを加える。

3 Aとバターを加えてよく混ぜる。塩、こしょうで味を調えて火を止め、ジャーに注ぐ。

高野豆腐・スナップえんどう・温泉卵のスープ

むくみ・疲労感

高野豆腐で、微量栄養素である亜鉛も補給できます。えんどう豆類は、脾と胃に働き、気のめぐりを促します。陰と陽のバランスがとれた卵で、心身のアンバランスを整えます。

材料／1人分

高野豆腐……戻したもの１枚
スナップえんどう……５本（60g）
温泉卵……１個
A［鶏ガラスープの素小さじ２、酒大さじ１
玉ねぎの薄切り……適量
しょうゆ……小さじ１

作り方

1 高野豆腐は４等分にし、スナップえんどうは斜め切りにする。

2 小鍋に水250mℓと玉ねぎを入れて火にかける。沸騰したらAと高野豆腐、スナップえんどうを加え混ぜる。

3 再沸騰したら、しょうゆで味を調える。火を止めてジャーに注ぎ、温泉卵をのせる。

梅雨

干し豆腐・きゅうり・ハムのエスニックスープ

材料／1人分

干し豆腐……100g
きゅうり……½本
ハム……2枚
A［鶏ガラスープの素小さじ1、酒大さじ1
しょうがの薄切り……4〜5枚
ザーサイ……10g
ナンプラー……小さじ1

作り方

1 干し豆腐は熱湯をかけて食べやすく切る。きゅうりは斜め薄切り、ハムは半分にして細切りにする。ザーサイはざく切りにする。

2 小鍋に水250㎖を沸騰させる。Aと干し豆腐、きゅうり、ハム、しょうが、ザーサイ、ナンプラーを入れて混ぜる。

3 再沸騰したら火を止め、ジャーに注ぐ。

倦怠感 イライラ

干し豆腐、きゅうりには
利尿作用があり、
体内の水分バランスを整えます。
ハムで脾と胃を養い、
ザーサイやナンプラーの香りで
気をめぐらせて、
だるくなりがちな
心身をサポートします。

ナツメ・オクラ・ささみのジンジャースープ

暴飲暴食
梅雨冷え

血が不足することによって起こる貧血や不眠、イライラなどをナツメが改善、オクラのネバネバ成分で粘膜を保護します。鶏肉は気を補い、気をめぐらせるしょうがは、よく加熱することで温め効果が高まります。

材料／1人分

ナツメ……３個
オクラ……３本
鶏ささみ……２本
【酒大さじ1、塩・黒こしょう各少々】
A［鶏ガラスープの素小さじ１、酒大さじ１
しょうがの薄切り……５～６枚
塩、こしょう……各少々

作り方

1 オクラは斜め切り、ささみは食べやすくそぎ切りにし、【】をふる。

2 小鍋に水250㎖を沸騰させ、Aとナツメ、ささみ、しょうがを入れて混ぜる。再沸騰したら、オクラを加え混ぜる。

3 塩、こしょうで味を調える。火を止め、ジャーに注ぐ。

ひじき・ミニトマト・豚肉のスパイススープ

材料／1人分

長ひじき……3ｇ
ミニトマト……6個
豚こま切れ肉……80ｇ
【酒大さじ1、塩・黒こしょう各少々】
A［鶏ガラスープの素小さじ1、酒大さじ1
にんにくのみじん切り……½片分
クミン（ホール）……小さじ1
オリーブ油……小さじ1
塩、黒こしょう……各少々

作り方

1 ひじきは流水でよく洗う。豚肉は食べやすく切り分け、【 】をふる。

2 深めのフライパンにオリーブ油、にんにく、クミンを入れて混ぜ、火にかける。香りが立ったら豚肉とひじきを加えて炒める。トマトも加えてひと混ぜしたら、湯200㎖とAを加える。

3 沸騰したら、塩、こしょうで味を調える。火を止め、ジャーに注ぐ。

多汗などによるミネラル不足

ひじきには、食物繊維、カルシウム、マグネシウムなどのミネラルが豊富。トマトのリコピンで抗酸化作用を高め、豚肉が陰を養います。にんにくやクミンなどで気をめぐらせ、食欲を促します。

盛夏〜残暑

黒きくらげ・いんげん・鶏肉のヨーグルトカレースープ

夏バテ・食欲減退

血のめぐりを促す黒きくらげ、脾の働きを高めるいんげん、気を補う鶏肉の組み合わせ。しょうが、カレー粉、赤唐辛子といった辛味の薬味で気をめぐらせ、消耗した胃を温めます。

材料／1人分

黒きくらげ……戻したもの約40ｇ（乾燥状態で4ｇ）
いんげん……８本
鶏ももから揚げ用……３個
【酒大さじ1、塩・黒こしょう各少々】
A［鶏ガラスープの素小さじ１、酒大さじ１
しょうがの薄切り……４〜５枚
プレーンヨーグルト（無糖）……100mℓ
カレー粉……小さじ２
赤唐辛子の小口切り……１本分
オリーブ油……小さじ１
塩、黒こしょう……各少々

作り方

1 黒きくらげはひと口大にちぎる。いんげんは食べやすく切る。鶏肉は【】をふる。

2 深めのフライパンにオリーブ油としょうがを入れて炒める。鶏肉を加えて表面を焼き固めたら、黒きくらげといんげんを加えて全体に炒め合わせる。カレー粉、赤唐辛子を加えて炒め、香りが立ったら湯100mℓとAを入れて煮る。

3 沸騰したら、ヨーグルトを加えて混ぜる。塩、こしょうで味を調えたら火を止め、ジャーに注ぐ。

白きくらげ・きゅうり・サバ缶の冷や汁風スープ

熱中症
免疫力低下

白きくらげで腸内環境を整え、きゅうりで体内の水分バランスを整えます。サバとみそ、しょうがの食べ合わせで気・血・水(津液)のめぐりも促します。

材料／1人分

白きくらげ
……戻したもの約20ｇ（乾燥状態で2ｇ）
白きくらげの戻し汁……適量
きゅうり……1本
サバ水煮缶……½缶
A［鶏ガラスープの素小さじ1、酒大さじ1
B［みそ大さじ½、白すりごま大さじ1
にんにくのみじん切り小さじ½
しょうがのすりおろし……小さじ1

作り方

1 戻した白きくらげはひと口大にちぎる。きゅうりは厚めの輪切りにする。サバ缶は酒大さじ1（分量外）をふる。Bは混ぜておく。

2 小鍋に水と白きくらげの戻し汁を合わせたもの200㎖を入れて火にかける。沸騰したらAとサバ、サバの缶汁50㎖、白きくらげ、きゅうり、しょうがを加えてよく混ぜる。

3 再沸騰したら、Bを溶き入れる。火を止め、ジャーに注ぐ。

干し豆腐・桜エビ・マッシュルームのタイ風スープ

材料／1人分

干し豆腐……50ｇ
桜エビ……大さじ２
マッシュルーム……５個
A［鶏ガラスープの素小さじ１、酒大さじ１
しょうがの薄切り……４〜５枚
ナンプラー……小さじ１と½
レモン汁……小さじ１〜２
刻んだパクチー……１株分

作り方

1 干し豆腐は熱湯を回しかける。桜エビは酒大さじ１（分量外）をふる。マッシュルームは大きければ半分に切る。

2 小鍋に水250㎖を沸騰させ、Aと桜エビを汁ごと、マッシュルームを加える。再沸騰したら、干し豆腐、しょうが、ナンプラーを加えて混ぜる。

3 再度沸騰したら、レモン汁を加えて火を止める。ジャーに注ぎ、パクチー*をのせる。*食べる直前に加えてもよい

のぼせ イライラ 気のつまり

干し豆腐で体内の余分な熱をとり、桜エビでイライラを改善します。マッシュルームは免疫力を高めます。しょうが、ナンプラー、レモン汁、パクチーの香りで、気のめぐりを促します。

干し貝柱・ピーマン・コーンのコラーゲンスープ

夏冷え・夏バテ

陰を補い、
血を養う干し貝柱と、
気のめぐりを
良くするピーマン。
とうもろこしで
余分な水分を排出し、
コラーゲン(粉ゼラチン)で
筋膜を強くします。

材料／1人分

干し貝柱(こわれ)……大さじ1
ピーマン……大1個
粒コーン缶……½カップ
A［鶏ガラスープの素小さじ1
　 酒大さじ1
粉ゼラチン……1袋(5g)
長ねぎの斜め薄切り……適量
しょうがの薄切り……4〜5枚
塩、黒こしょう……各少々

作り方

1 干し貝柱は酒大さじ1(分量外)をふる。ピーマンは乱切りにする。

2 小鍋に水200㎖と長ねぎ、貝柱を汁ごと加えて火にかける。沸騰したら、A、しょうが、ピーマン、コーンを加えてよく混ぜる。再沸騰したら粉ゼラチンを加えてひと混ぜする。

3 再度沸騰したら、塩、こしょうで味を調える。火を止め、ジャーに注ぐ。

Part 3

― スープごはん

ボリューム満点スープごはん

米、もち、雑穀、パスタ、春雨、バゲット。
好みの〝ごはん〟と
バランスおかずを合わせたスープです。
バラエティーに富んだ味わいだから、
おなかも舌も大満足。

お米で

シーフードミックス・グリーンピースのチーズリゾット風

気を補い、めぐらせる

穀類のうち、米は「気」を補う大切な食材。昔の漢字では「氣」と書きます。シーフードミックスで血や気を補い、気をめぐらせて水毒をやわらげるグリーンピースとの組み合わせです。

材料／1人分

米……大さじ3
冷凍シーフードミックス
（エビ、イカ、アサリ）……100ｇ
グリーンピース（生または冷凍）……大さじ3
A［鶏ガラスープの素小さじ1、酒大さじ½
玉ねぎのみじん切り……適量
粉チーズ……大さじ1
オリーブ油……大さじ½
塩、黒こしょう……各少々

作り方

1 米はさっと洗って水けをきる。シーフードミックスは流水で洗って水けをきり、酒大さじ1（分量外）をふる。

2 深めのフライパンにオリーブ油と玉ねぎを入れて炒める。ふたをして30秒たったら、米を加えてさらに炒める。米が半透明になったら、汁けをきったシーフードミックスを加えて炒める。湯250mℓとA、グリーンピースを加えてひと混ぜする。

3 沸騰したら塩、こしょうで味を調える。火を止め、予熱をしたジャーに注ぎ、粉チーズ*をふる。*食べる直前に加えてもよい

卵・梅干し・アオサのおかゆ

胃を休め、消化を促す

胃腸が不調のときにおすすめ。
米から加熱し、保温調理するので
食べる際にちょうどいい仕上がりに。
梅干しの塩味と酸味が食欲を促します。

材料／1人分

米……大さじ3
溶き卵……1個分
梅干し……1個
アオサのり……小さじ1
A [鶏ガラスープの素小さじ1、酒大さじ½

作り方

1 米はさっと洗って水けをきる。溶き卵は酒小さじ1（分量外）を加えて混ぜる。梅干しは種をとり、果肉をほぐす。

2 小鍋に水250mℓと米を入れて火にかける。沸騰したらAと梅肉を加えて軽く混ぜる。

3 溶き卵を回し入れ、アオサのり*を加えて混ぜる。火を止め、予熱をしたジャーに注ぐ。
*食べる直前に加えてもよい

焼きおにぎりで
エビ・白菜・黒きくらげのあんかけごはん風

身体を温めるエビと消化を助ける白菜の組み合わせ。血のめぐりを促す黒きくらげとしょうがで、さらに身体が温まります。

材料／1人分

冷凍焼きおにぎり（市販）……1個
冷凍むきエビ（大）……６～７尾（60g）
白菜……１枚（80g）
黒きくらげ
……戻したもの約40ｇ（乾燥状態で4ｇ）
A［鶏ガラスープの素小さじ１、酒大さじ１
B［片栗粉小さじ１、水大さじ１
しょうがの薄切り……３～４枚
しょうゆ……小さじ１

作り方

1 焼きおにぎりはレンジで表示より少なめに加熱する。むきエビは流水で洗って水けをきり、酒少々（分量外）をふる。白菜はざく切りにする。黒きくらげは食べやすくちぎる。

2 小鍋に水200mℓと黒きくらげを入れて火にかける。沸騰したら白菜としょうが、Aを加える。再沸騰したら、汁けをきったエビとしょうゆを加えてひと混ぜする。

3 よく溶いたBを回し入れて、ひと混ぜする。火を止めてジャーに注ぎ、焼きおにぎりをのせる。

サバ缶・小松菜・キムチのチゲ風

血を養い、めぐらせる

血を養うサバと小松菜に、血のめぐりを良くするキムチの組み合わせ。
適度な辛味が身体を温め、腸の働きを高めます。

材料／1人分

冷凍焼きおにぎり（市販）……1個
サバ水煮缶……½缶
小松菜……２株
白菜キムチ……50ｇ
A［鶏ガラスープの素小さじ１、酒大さじ1
みそ……小さじ１前後
（キムチとみその塩味によって加減する）

作り方

1 冷凍焼きおにぎりはレンジで表示より少なめに加熱する。小松菜とキムチは食べやすく切る。

2 小鍋にサバ缶の汁と水を合わせて200㎖にしたものを入れて火にかける。沸騰したらサバとキムチ、Aを加えてひと混ぜし、小松菜を加える。

3 再沸騰したらみそを溶き入れ、火を止める。ジャーに注ぎ、焼きおにぎりをのせる。

おもちで ひき肉・ピーマン・玉ねぎの グラーシュ風

粘膜を強化し、風邪を予防する

粘りの強いもち米は身体を温める強い力があります。スパイスで血のめぐりを高め、気と血を補う牛肉とビタミン豊富なピーマンが皮膚や粘膜を守ります。

材料／1人分

もち……1個
合いびき肉……100g
【赤ワインまたは酒大さじ1、塩・黒こしょう各少々】
ピーマン（赤・緑）……各1個
玉ねぎ……¼個
鶏ガラスープの素……小さじ1
クミン（ホール、またはカレー粉）……小さじ½
オリーブ油……大さじ½
塩、黒こしょう……各少々

作り方

1 もちは半分に切ってオーブントースターなどで軽く焼く。ひき肉は、【 】をなじませる。ピーマンはそれぞれ1㎝角に、玉ねぎは薄切りにする。

2 深めのフライパンにオリーブ油、玉ねぎ、クミンを入れて炒める。油がなじんだら30秒間ふたをしたあと、ひき肉を加えて炒める。肉の色が変わったら、ピーマンを加えてさらに炒め、鶏ガラスープの素と湯200㎖を加えて煮る。

3 沸騰したら、塩、こしょうで味を調える。火を止めて、ジャーに注ぎ、もちをのせる。

※グラーシュとは、牛肉や玉ねぎ、パプリカを使った、ハンガリー、ドイツなどで食べられるスープやシチューのこと。

豆腐・ひき肉・白きくらげのごま団子風

余分な熱をとる

豆腐、白きくらげ、黒ごまは、身体を潤します。ほてりやめまいに悩む人に効果的。

材料／1人分

もち……1個
豆腐……½丁
鶏ひき肉……100g
【酒大さじ1、塩・黒こしょう各少々】
白きくらげ……戻したもの約40g
（乾燥状態で4g）
A［鶏ガラスープの素小さじ1
　 酒大さじ1
長ねぎ（青い部分のブツ切り）……適量
黒すりごま……大さじ1
塩……少々

作り方

1 もちは半分に切ってオーブントースターなどで軽く焼く。ひき肉は、【 】を加えて粘りが出るまでよく混ぜる。白きくらげは食べやすくちぎる。

2 小鍋に水250mℓと白きくらげを入れて火にかける。沸騰したらひき肉とAを入れて混ぜる。再沸騰したら、豆腐をつぶしながら、ねぎ、黒ごまも加えてひと煮する。

3 塩で味を調えて火を止める。ジャーに注ぎ、もちをのせる。

鶏むね・ナツメ・クコの実のサムゲタン風

疲れを癒やす

鶏むね、ナツメ、クコの実は、滋養強壮の最強トリオ。多忙な日の連続や疲れがたまっているときにおすすめです。

材料／1人分

もち……1個
鶏むね肉……小1枚（80g）
【酒大さじ1、塩少々】
ナツメ……2個
クコの実……大さじ½
A［鶏ガラスープの素小さじ1
　酒大さじ1
しょうがの薄切り……4～5枚
ゼラチン……1袋（5g）
塩……少々

作り方

1 もちは半分に切ってオーブントースターなどで軽く焼く。鶏肉はそぎ切りにし、【】をふる。

2 小鍋に水250mℓとしょうがを入れて火にかける。沸騰したら鶏肉とナツメとAを加え、再沸騰したらクコの実とゼラチンを加えてよく混ぜる。

3 塩で味を調えて火を止める。ジャーに注ぎ、もちをのせる。

雑穀で

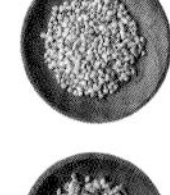

鶏もも・ピーマン・いんげんのグリーンカレー

水と熱のバランスを整える

ハトムギが体内の水分バランスを整えて、余分な水分や熱を払います。抗酸化作用の高い野菜との相乗効果で美肌を作ります。

材料／1人分

ハトムギ……大さじ2
（水100mℓにつける。一晩つけておくとさらに良い）
鶏ももから揚げ用……3個
【酒大さじ1、塩・黒こしょう各少々】
ピーマン（赤・緑）……各1個
いんげん……5本
A［鶏ガラスープの素小さじ1、酒大さじ1
ココナッツミルク……140mℓ（小1缶）
タイカレーペースト（グリーン）……大さじ½
塩、黒こしょう……各少々
刻んだパクチー……適量

作り方

1 鶏肉は半分に切り、【 】をふる。ピーマンはそれぞれ乱切りに、いんげんは食べやすく切る。

2 小鍋にハトムギをつけ汁ごと入れて火にかける。沸騰したら鶏肉とAを入れてひと煮する。肉の色が変わったらココナッツミルク、ピーマン、いんげんを加えて混ぜる。再沸騰したらカレーペーストを加え、30秒煮る。

3 塩、こしょうで味を調え、火を止める。ジャーに注ぎ、パクチー*をのせる。*食べる直前に加えてもよい

豚こま・かぼちゃ・まいたけのみそ雑炊

材料／1人分

そばの実……大さじ3～4
豚こま切れ肉……80g
【酒大さじ1、塩・黒こしょう各少々】
かぼちゃ……ひと口大のくし形3個（80g）
まいたけ……小½パック
A［鶏ガラスープの素小さじ1
　酒大さじ1
しょうがの薄切り……4～5枚
みそ……大さじ½

作り方

1 豚肉は食べやすく切り、【 】をふる。まいたけは食べやすくほぐす。

2 小鍋に水250mℓとかぼちゃを入れて火にかける。沸騰したら、そばの実、A、しょうがを加えてひと混ぜし、豚肉を加える。肉の色が変わったらまいたけも加える。

3 再沸騰したらみそを溶き入れる。火を止め、ジャーに注ぐ。

そばの実には頭にのぼった気をおろし、めぐらせる力があります。豚肉、かぼちゃ、まいたけは免疫力を高めます。

黒豆茶・豚ひき・ピーマンのチリコンカン風

アンチエイジングに

黒豆や雑穀は腎を養い、老化を予防する力があります。疲労を癒やし、むくみも解消します。

材料／1人分

雑穀ミックス……大さじ2
黒豆茶……大さじ3
豚赤身ひき肉……100g
【酒大さじ1、塩・黒こしょう各少々】
ピーマン……1個
A［鶏ガラスープの素小さじ1
　酒大さじ1
玉ねぎのみじん切り……適量
にんにくのみじん切り……小さじ½
トマトジュース
……小1缶（190㎖）
オリーブ油……小さじ1
塩、黒こしょう……各少々

作り方

1 ひき肉は【 】をなじませる。ピーマンは角切りにする。

2 深めのフライパンにオリーブ油とにんにく、玉ねぎを入れて火にかける。香りが立ったらひき肉を加え、ほぐすように炒める。肉の色が変わったらピーマンを加え、湯100㎖とA、トマトジュースを加えて混ぜる。

3 沸騰したら塩、こしょうで味を調え、雑穀ミックスと黒豆茶を加えて混ぜる。火を止め、ジャーに注ぐ。

ペンネで

かじき・ズッキーニのトマトパスタ

イライラを鎮め、食欲を促す

小麦粉はイライラした気持ちを安定させる力があります。かじきはDHAなどの良質の脂を含み、ビタミンBやDも豊富です。トマトやバジルの香りが、胃を開いて食欲を促します。

材料／1人分

ペンネ（早ゆでタイプではないもの）……40ｇ
かじきまぐろ……１切れ
【酒大さじ1、塩・黒こしょう各少々】
ズッキーニ……½本
トマト水煮缶（カット）……½カップ
A［鶏ガラスープの素小さじ１、酒大さじ１
にんにくのみじん切り……小さじ½
オリーブ油……大さじ½
バジルの葉……１～２枚（またはドライバジル小さじ½）
塩、黒こしょう……各少々

作り方

1 かじきは食べやすく切り分け、【 】をふる。ズッキーニは1㎝厚さの半月切りにする。

2 深めのフライパンにオリーブ油とにんにくを入れて炒め、香りが立ったらかじきを加えて炒める。ズッキーニを加えて炒め合わせ、トマトの水煮を加えて混ぜる。沸騰したら湯100㎖とAを加える。

3 再沸騰したら、塩、こしょうで味を調え、火を止める。ペンネを下ゆでせずに予熱をしたジャーに入れ、スープを注ぎ、バジル*をのせる。*食べる直前に加えてもよい

ハム・キャベツ・玉ねぎのクリームパスタ

消化、利尿、排便を助ける

ハムとキャベツは、脾と胃の働きを補う組み合わせ。玉ねぎで気をめぐらせます。豆乳は、肺を潤し、利尿通便を促す力があります。

材料／1人分

ペンネ（早ゆでタイプではないもの）……40ｇ
ハム……３枚
キャベツ……葉大２枚
玉ねぎ……¼個
A［ 鶏ガラスープの素小さじ１、酒大さじ１
豆乳……150㎖
片栗粉……小さじ１

作り方

1 ハムとキャベツは食べやすく切り分ける。玉ねぎは薄切りにする。片栗粉を豆乳大さじ２（分量内）で溶いたものを豆乳に加えて混ぜておく。

2 小鍋に水100㎖と玉ねぎを入れて火にかける。沸騰したらキャベツとAを加えてひと煮し、ハムと片栗粉入り豆乳を加えてよく混ぜる。

3 軽くとろみがついたら火を止める。ペンネを下ゆでせずに予熱をしたジャーに入れ、スープを注ぐ。

ビーフン＆春雨で

豚ひき・にんじん・長ねぎの汁ビーフン

夏バテ予防に

ビーフンは米粉からできていて、気を補います。疲労回復にいい豚肉と長ねぎ、血を補うにんじんで、暑い時期におすすめ。

材料／1人分

ビーフン……40g
豚赤身ひき肉……60g
【酒大さじ1、塩・黒こしょう各少々】
にんじん……½本（60g）
長ねぎ……½本
A［鶏ガラスープの素小さじ1
　酒、しょうゆ各大さじ1
ごま油……大さじ1
塩、黒こしょう……各少々

作り方

1 ビーフンは水にひたしてさっと戻し、食べやすく切る。ひき肉は、【 】をなじませる。にんじんと長ねぎは斜め薄切りにする。

2 深めのフライパンにひき肉とごま油を入れ、よく混ぜてから火にかける。肉の色が変わったら、にんじんと長ねぎを加えて炒める。ビーフンを加えて数回混ぜたら、湯200mℓを加える。

3 沸騰したら、Aと塩、こしょうで味を調える。火を止め、ジャーに注ぐ。

アサリ・たけのこ・うずら卵の春雨スープ

夏バテ予防に

緑豆由来の春雨は、心と胃を養います。アサリとたけのこで余分なものを排出し、うずらの卵で陰を補います。

材料／1人分

春雨……30g
アサリ水煮缶……小1缶（50g）
たけのこの水煮……80g
うずらの卵の水煮……3個
長ねぎの斜め薄切り……適量
鶏ガラスープの素……小さじ1
酒……大さじ1
みそ……大さじ½前後

作り方

1 春雨は水にひたしてさっと戻し、食べやすく切る。たけのこも食べやすく切る。

2 小鍋に水とアサリの缶汁を合わせたもの250mℓとアサリ、酒を入れて火にかける。沸騰したら、たけのことうずらの卵、長ねぎ、鶏ガラスープの素を加える。

3 再沸騰したら、戻した春雨を入れ、みそを溶き入れる。火を止めて、ジャーに注ぐ。

バゲットで

鶏肉・ミニトマト・マッシュルームのガーリックスープ

食欲改善、消化促進

疲れて食欲がないとき、ガーリックの香りが食欲を促します。バゲットをスープにひたして持っていけば消化もよく、スープに香ばしさも増します。

材料／1人分

バゲット……3cm厚さ1～2枚
鶏むね肉……⅓枚（80g）
【酒大さじ1、塩・黒こしょう各少々】
ミニトマト……6個
マッシュルーム……5個
A［鶏ガラスープの素小さじ1、酒大さじ1
にんにく……½片
オリーブ油……適量
塩、黒こしょう……各少々
イタリアンパセリの粗みじん切り……適量

作り方

1 バゲットは半分に切る。オリーブ油を塗り、にんにくをこすりつけ、オーブントースターなどで焼く。鶏肉は食べやすく切り、【 】をふる。

2 小鍋で水250mlを沸かし、Aと鶏肉を入れてひと混ぜし、ミニトマトとマッシュルームを加える。

3 沸騰したら、塩、こしょうで味を調えて火を止める。ジャーに注ぎ、バゲットとイタリアンパセリ*をのせる。*ともに食べる直前に加えてもよい

ソーセージ・ミックス豆・アスパラガスのピリ辛スープ

気をめぐらせる

食物繊維が豊富で腹持ちもいいミックス豆が気を補い、にんにくとチリペッパーで気をめぐらせます。

材料／1人分

バゲット……3㎝厚さ1枚
ウインナソーセージ……3本
ミックス豆の水煮
……小1パック（50～60g）
グリーンアスパラガス……2本
A［鶏ガラスープの素小さじ1／白ワインまたは酒大さじ1］
にんにく……½片
オリーブ油……適量
塩、黒こしょう……各少々
チリペッパー（または一味唐辛子）
……適量

作り方

1 バゲットは半分に切る。オリーブ油を塗り、にんにくをこすりつけ、オーブントースターなどで焼く。ソーセージ、アスパラガスは食べやすく切る。

2 小鍋で水250㎖を沸かし、Aとソーセージ、ミックス豆、アスパラガスを入れてひと煮する。

3 塩、こしょうで味を調えて火を止める。ジャーに注ぎ、チリペッパーとバゲット*をのせる。*食べる直前に加えてもよい

玉ねぎ・ハムのオニオングラタンスープ風

玉ねぎが胃を温め、血と気をめぐらせます。ストレス緩和にも効果的。

材料／1人分

バゲット……3㎝厚さ1枚
玉ねぎ……1個
ハム……3枚
A［鶏ガラスープの素小さじ1
　白ワインまたは酒大さじ1
にんにく……½片
粉チーズ……適量
オリーブ油……適量
塩、黒こしょう……各少々
イタリアンパセリの粗みじん切り……適量

作り方

1 バゲットは半分に切る。オリーブ油を塗り、にんにくをこすりつけ、オーブントースターなどで焼いて粉チーズをふる。玉ねぎはくし形に切る。ハムは食べやすく切り分ける。

2 小鍋に水250㎖と玉ねぎを入れて火にかけ、沸騰したらAとハム、粉チーズを加えてひと煮する。

3 塩、こしょうで味を調えて火を止める。ジャーに入れ、バゲットとイタリアンパセリをのせる。

基本の考え方を
おさえておきましょう

薬膳のキーワード

薬膳では、自然の法則と営みは、人間の身体と対応していると考えます。ここでは、レシピページに出てくるいくつかの〝薬膳の言葉〟を初心者にもわかりやすく説明します。キーワードとなる言葉の意味を少しでも知っておくと、自分の体調や食べものの特性についての理解がより深まるでしょう。

「陰」「陽」
自然界と身体の、なりたちのみなもと

世界のあらゆるものは、陰と陽という相対する2つのエネルギーがたがいにバランスをとりあって存在していると考えます（下図参照）。

自然界なら、天が陽で地が陰、太陽（日）が陽で月が陰、昼が陽で夜が陰にあたります。

身体の機能にも同様に、陰と陽があります。日中の活動は陽で夜の睡眠は陰、体内の活動も、促すものは陽、抑制するものは陰が担います。

健康とは、この陰陽のバランスが整っている状態で、どちらかが亢進しすぎたり抑制しすぎたりすると心身のバランスが崩れて不調を生じると考えられています。こうしたバランスの崩れは、季節や年齢、不規則な生活などによっても起こります。

たとえば身体の冷えは陽が足りず陰が過剰になった状態ですし、逆に陽が過剰になりすぎるとのぼせたり肌が乾燥したりします。

薬膳では、こうした乱れを食事から整えます。

陰	地	夜	月	寒	女	下	内	静	抑制
陽	天	昼	日	熱	男	上	外	動	亢進

「気」「血」「水（津液）」身体の陰と陽のバランスを整える3つの要素

血液だけでなく、血液が運ぶ栄養やホルモン、老廃物なども含まれます。全身に栄養を届け、肌や髪、爪や眼などを潤し、気持ちを安定させる働きもあります。女性は、月経や出産、授乳などにより男性よりも血の影響を大きく受けます。主に食べものから作られますが、量が不足したり質が落ちた状態を「血虚」、血のめぐりが悪く滞っている状態を「瘀血」といいます。

気

生命力、生きるためのエネルギーです。気力や精気という言葉で表されるように、身体中をめぐることで、内臓を動かし、血液を循環させ、免疫力を活性化します。生まれつき備わっているもののほか、食べものや呼吸からもとり入れることができます。気が消耗して不足した状態を「気虚」、気のめぐりが悪くなる状態を「気滞」といいます。

水分だけでなく、リンパ、胃液、汗、唾液などの血液以外の体液も含まれます。皮膚や粘膜を潤し、関節の動きを促し、血液の濃度や体温の調節を行います。食べものや飲みものから作られますが、水の代謝がうまくいかずめぐりが悪くなり、身体に余分な水分がたまった状態を「水毒」といいます。食べすぎ、多汗、頻尿などが起こると体内の水が不足する「傷津・脱液」になることもあります。津液と血は「津血同源」といい、たがいに影響し合っています。津液は脈中に入れば血に、脈外へ出れば津液になります。

*この3つが体内に過不足なくあり、かつ、身体中をスムーズにめぐっていることが健康な状態です。薬膳では、気・血・水のそれぞれを補い、養い、めぐりを良くする食材を選び、組み合わせながら食事を考えます。

「五臓」「五味」「五性」
食材の効能に関係する、5つの要素

五臓

身体の臓器を役割や働きで5つに分けたもの。どの臓器も、必要な栄養を蓄えて貯蔵し、気・血・水をめぐらせながら生命活動を支えています。薬膳では、その食材がどの臓器に働きかけるかを考えます。どれも大切な臓器ですが、とくに肝、脾（胃）、腎は、体調に直接影響が出やすいので、しっかりと養生しましょう。それぞれの働きと、たがいに影響を与え合う身体の器官は左の通りです。

肝　気をめぐらせる。血を蓄え配分する。
解毒する。情志を調節する。
【関連する器官】　胆のう、眼、筋肉

心　血液とともに全身にエネルギーを送る。
精神を安定させる。
【関連する器官】　小腸、舌、血脈

脾　食べものの栄養を消化吸収し、
気・血・水に変えて全身にめぐらせる。
【関連する器官】　胃、口、肌

肺　呼吸、気の流れ、水分代謝、発汗などを
コントロールする。
【関連する器官】　大腸、鼻、皮膚、産毛

腎　すべての精微物質（ホルモン物質）の
働きに関わり、生命を司る。水分を代謝する。
ホルモン分泌を調節。
【関連する器官】　膀胱、耳、骨、脳

五味

食材の味わいを5つに分けたもの。薬膳では、五味を過不足なくとると、身体のバランスが整うと考えます。舌で感じる味だけでなく、その味わいがどのような性質を持ち、身体のどの臓器にどのように働きかけるかについても分類されています。食材によっては、複数の味や性質を持つものもあります。

酸　収める、固める作用があり、下痢や出過ぎる汗、
慢性の咳を収める。唾液の分泌を促し、
食欲を増進させる。肝の働きを助ける。

苦　便からおろす、湿を乾かす、陰を保持する作用が
あり、便通を良くし、熱をおろして清める。
邪気を排出させる。心の働きを助ける。

甘　虚弱（気血不足）を補い、脾胃を調和して痛みを
軽減する。脾の働きを助ける。

辛　めぐりの働きで気を巡らせ、血を巡らせ、
散の働きで発汗を促し、邪気を出し、
体温調節をする。肺の働きを助ける。

鹹（かん）（塩辛い味）　固まりを柔らかくし、散らして下におろす。
便通を良くする。腎の働きを助ける。

【五味五臓表】

鹹
腎・膀胱
（骨髄・耳）

酸
肝・胆
（筋・眼）

苦
心・小腸
（血脈・舌）

甘
脾・胃
（肌肉・口唇）

辛
肺・大腸
（皮毛・鼻）

*五味がどの臓器にどう働きかけるかを示した図。
→は、矢印の先の臓腑を助けて有益に働く「相生（そうせい）」の関係、⋯▶は、矢印の先の臓腑を抑制するように働く「相剋（そうこく）」の関係を示す。
たとえば酸味は肝や胆を養い、肝が良くなることで苦味の心（しん）が助けられる。肝・胆を養うと、筋肉と眼が養われるが、酸が過剰だと脾と胃の働きを抑制する。

五性

食材の、身体を温めたり冷やしたりする性質を5つに分けたもの。薬膳では、寒い季節、冷え性の人、病気のときなどには熱性、温性のもので身体を温め、暑い季節、のぼせ体質の人、興奮しているときなどには寒性、涼性のもので身体の余分な熱を放出することで身体を整えます。冷温効果のない平性のものは、毎日食べても身体がどちらかに傾くことはありません。加熱することで性質が変わる食材もあります。

↑
熱
温
平
涼
寒
↓

熱性
身体を温める即効性があり、めぐりを促す。
過ぎると身体が熱を持ち、潤いがなくなる。
* こしょう、唐辛子、シナモンなど

温性
穏やかに身体を温める。疲れを癒し、
痛みを和らげる。過ぎると身体に熱がこもる。
* 鶏肉、エビ、かぼちゃ、鮭、もも、みかん、
にんじん、しょうが、にんにく、もち米など

平性
身体を冷温どちらにも傾かせない。
ほかの性質を緩和しない。常食に向いている。
* うるち米、豚肉、牛肉、ほたて、しいたけ、
キャベツ、ブロッコリー、ぶどう、黒豆など

涼性
身体をほどよく冷やす。微熱やのぼせが
あるときに。過ぎると身体が冷える。
* 豆腐、大根、きゅうり、梨、いちご、
りんご、じゃがいも、小麦など

寒性
身体の熱をとる強い作用がある。
発熱時や熱中症予防に。過ぎると冷え体質に。
* アサリ、ゴーヤ、トマト、冬瓜、オクラ、
キウイフルーツ、バナナなど

食材別INDEX

【穀物】

【卵・乳製品】

【缶詰・レトルトパウチ】

【その他】

【乾物】

←もっと薬膳のことを知りたいときはこちらから。

植木もも子
うえき・ももこ

管理栄養士、国際中医師、国際中医薬膳管理師。
「おいしく、賢く、楽しく、健康に」をモットーに、
体と心を癒やす日々のレシピを
雑誌や書籍、テレビ、広告などに提供中。
また、薬膳と栄養学の両方をとり入れた
季節の料理教室も主宰している。
著書に『からだを整える薬膳スープ』（マイナビ）、
監修に『増補新版　薬膳・漢方　食材&食べ合わせ手帖』
（西東社）など多数。
http://www.peachtreekitchen.jp/

アートディレクション　中村圭介（ナカムラグラフ）
デザイン　中村圭介　平田賞　清水翔太郎（ナカムラグラフ）
撮影　原 ヒデトシ
スタイリスト　吉岡彰子
調理アシスタント　三枝裕子
企画・編集　篠原麻子
校正　ケイズオフィス
DTP制作　天龍社
撮影協力　サーモス㈱　電話 0570-066966
UTUWA　電話 03-6447-0070

朝10分で作れる 薬膳スープジャー弁当

2020年10月20日　第1版発行
2022年11月10日　第5版発行

著者　植木もも子
発行者　河地尚之
発行所　一般社団法人　家の光協会
〒162-8448
東京都新宿区市谷船河原町11
電話　03-3266-9029（販売）
03-3266-9028（編集）
振替　00150-1-4724
印刷・製本　図書印刷株式会社

 ISBN 978-4-259-56666-1 C0077

絵馬で開運！しあわせごはん暦（ごよみ）

絵馬師 永崎ひまる

集英社

はじめに

口福。食べることによって、あなたに幸運も運ばれて来ることを感じていますか。

口いっぱいに美味しいものをほおばる。人はそれだけで心が多幸感でいっぱいになります。食べるという行為だけでも幸せなことです。でも、私たちの体に栄養を与えてくれること以外に、私たちの「運」の部分でも食は大切な役目を果たしてくれます。それは、口から入る「福」。口福です。

食はもともと、命です。食には、その存在自体にそれぞれ開運する力が備わっていて、私たちが生きるためのエネルギーを食べることで補ってくれます。それは体力だけではありません。私たちが楽しく生きるために必要な「運」。見えない「運」も食はバックアップしてくれます。そして生き延びる力も与えてくれるのです。

その命が育つためには、土と風と水と光と……温度変化が必要です。四季、季節が必要なのです。季節は命を育みます。季節の変化や変わり目を、生きるものがしっかり感じることで命が育ちます。季節を読むためには、季節のタイミングがわかるものが必要でした。

それが暦（こよみ）です。暦はもともと、古代中国から伝わってきたものですが、それを日本の風土に合うように工夫を凝らして、日本独自の暦が生まれました。二十四節気（にじゅうしせっき）は、一年を24等分し、「立春」「秋分」など、季節にふさわしい名前をつけたもの、七十二候（しちじゅうにこう）は、さらに細かく72に分けたものです。季節を知り、感じるために、暦は日本人にとって欠かせないものでした。

暦の中には、年中行事や雑節（ざっせつ）、節句など、季節を楽しみながら自らの厄を払うイベントがたくさんあります。その中で、「行事食」としての食の立ち位置はとても大切なものでした。行事を準備することから楽しみ、体の中から「祓（はら）う」「厄を落とす」。それは祖先が脈々とつないで来たことなのです。それを「知ること」こそが、日常から得られる「開運行動」の始まりなのです。

暦には「旧暦」と「新暦」があります。旧暦は月の満ち欠けと太陽の動きで季節を見る、太陰太陽暦という方式です。新暦は、太陽の動きで季節を見る、太陽暦というものです。明治時代以前の日本は旧暦を用いていましたが、明治時代に入ってからは、新暦が用いられました。この本の中でも、基本は新暦に沿ったものとなっていますが、旧暦の時期にタイミングを合わせることで季節を楽しめるものもあるので、場合によって、新暦・旧暦で表現している箇所があります。

「複雑だなあ」「暦って分かりづらいなあ」なんて思っては大損！「開運するタイミングがいろいろ増えて嬉しい」と思えたあなたは、すぐに幸せを引き寄せられますよ。ごちゃっと複雑になってしまう、そこが日本のいいところでもあり、ほほえましいところなんです。1000年もの間、神社とお寺が一緒に祀（まつ）られていた、なんてことも当たり前でした。中国の文化も素直に受け入れて、自分独自に変えてしまう。すべてのものに神様が宿るという考え方をする日本には「八百万（やおよろず）の神様」がいらっしゃるんですよ。

ほら、12月と1月を考えてみてください。冬至で柚子湯に入ったと思ったらクリスマスにケーキを食べて教会で聖歌を聴き、終わった途端に正月飾り。大晦日は蕎麦を食べて、正月には神社やお寺で初詣。そして「公現祭」でガレット・デ・ロワを食べたり、「人日の節句」には七草粥……なんて、楽しく豊かな行事がたくさん。

幸福は心と体のバランス。深く考えすぎないで、いろんなお祝いごとを楽しんだもの勝ち。楽しんだ人は、それだけ大開運しちゃいます。

この本で、まず基本的な暦、季節、旬、年中行事などを知り、開運絵馬を見て目で開運、旬の美味しいごはんを舌で楽しみ……いろんな面から運気を上げる基礎づくりをしましょう。巻末で紹介しているレシピも、日常で旬をサクッと感じるために、目分量でできる簡単なものばかりです。

季節と旬、暦とは何かを感じるスタートとなり、いろいろと興味を広げてもらえたらうれしいです。

どうぞ、この本で幸福と口福を楽しんでみてください。

もくじ

春

夏

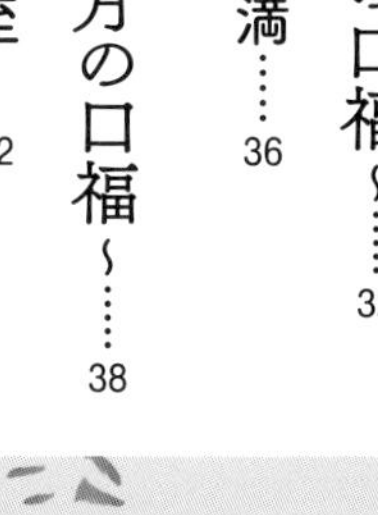

秋

冬

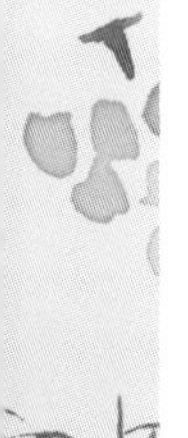

すべての生き物が芽吹くこの時期は、命の始まりの季節です。私たちが生きるうえで、種からスタートして硬い殻を破り、花開き実を結ぶために大切な一歩の季節。春は、厳しい冬を乗り越えたものにだけやってくるご褒美のような季節なのです。

如月（きさらぎ） ~2月の口福~

どんな月？ 如月

如月は旧暦2月の和風月名で、「きさらぎ」の呼び名は「木更着（寒さから着物を重ねて着たという意味）」など、由来がいくつかあります。もともと、中国で最古の辞書に「2月を如となす」と記述があり、「厳しい冬が終わりを告げて万物が芽吹き動き出す季節」といった意味があります。2月は暦のスタート、暦の“春”であり、“お正月”です。新暦では冬の感じがまだまだ残っていますが、梅の咲き始めなど、小さな春を見つけていくのも楽しいです。

2月の暦と開運話

「節分」「立春」などの大きな暦の変わり目があるのが2月です。梅の花などが咲き始め、静かに春を感じるようになります。この月は新暦の1月のお正月、旧暦の旧正月とも違う、「暦の上での春、一年の始まり」を告げる大切な月となるのです。旧暦のお正月は月の満ち欠けを基準にしていますが、立春は太陽の動きから見た二十四節気をもとに日にちが計算されています。そのため毎年同じ日にちではありません。この立春の直前の節分で、昨年までの穢（けが）れを落とし、スッキリした体になり、新しい暦をスタートさせることが、この一年の運を上げるために大切な要素となります。暦は、気学や方位学など、運命を考え変えるために行う事柄にとっても重要で必要となってきます。

2月に食べるといいもの

鰤…出世魚でカンパチ、ハマチ、ブリと成長していくことから、出世運。中でも栄養価が高く、ビタミンDやタウリン、鉄分、脳を活性化させるＤＨＡ、ＥＰＡなども。

鯖…鰤と同様、ＥＰＡ・ＤＨＡが豊富。脳の活性化など。仕事運がどんどん上がる。

春菊…緑黄色野菜最高レベルの養分と抗酸化作用。独特の香りは、料理の香りづけの役目も。美容運がアップし、肌が綺麗に！

小松菜…独特な苦味があり、鬼が嫌う。視力低下を抑える。比較的安価で手に入るので、いろんな料理に活用したい。勝負運が上がる。

いちご…ビタミンCの宝庫、ビタミンB群や、目に良いアントシアニンも豊富。恋愛運や愛情運にも最強！

こんなふうに食べると幸せ2倍

●節分！“鰯の頭も信心から”寿司

炙ることで火が入り、勝ち運が高まります！ 火を入れすぎず、表面をぱりっとさせるのがコツ（P98にレシピあり）。柊と一緒に鰯の頭を飾るのは、鬼が柊のトゲトゲを痛がるのと、鰯の生臭い匂いが嫌いで、節分に玄関前に飾ると、体の中から悪い気を追い払ってくれるといわれました。「鰯の頭も信心から」は、「信じきってしまえば、どんなものでもありがたく感じる」という意味です。

●小松菜の縁結びパスタ

小松菜を長い麺、パスタと絡ませることで縁結びの意味が強くなります。たっぷりのオリーブオイルで最初にサッと炒めるといいですよ。

1/24 立春

開運ポイント

立春若水

立春の朝一番にお水をくんで神棚に上げ、それをいただくことで健康になるといいます。昔は井戸でしたが、今は水道からの一番水となります。立春には白いものをいただくといいので、立春大福や豆腐料理などを。酒蔵でお酒の朝搾りをするのも立春の大事な行事です。

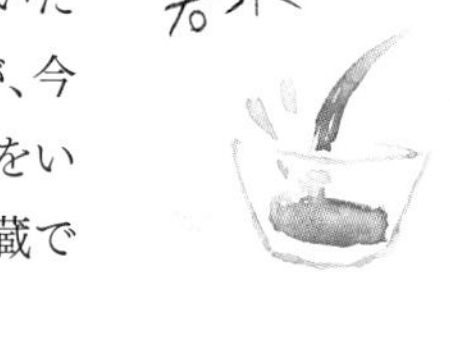

初午…2月最初の午の日を初午といいます。お稲荷様のお祭りで、商売繁盛を祈る事業をする人には大切な行事です。懇意にしているお稲荷様に伺い、お参りをします。そしてお稲荷様の眷属である狐さんの大好きなお揚げで、いなり寿司を作って家族でいただきましょう。専門店などで購入するのもいいですね。

バレンタインデー…聖人司祭ヴァレンティヌスが西暦269年2月14日に処刑されたことから、恋人たちの日となりました。ローマ皇帝クラウディウス2世が「結婚すると兵士の士気が上がらない」という理由で若い兵士の結婚を禁じ、それを憐れに思ったヴァレンティヌスが極秘結婚をさせ、皇帝から怒りを買い処刑されました。チョコレートを渡す習慣は日本だけで、お菓子メーカーがスタートさせたそうです。

旬の食材

［いちご・にら・ブロッコリー］

●いちごのフルーツサンド　おうちで作ると市販品よりも安上がりで豪華なサンドイッチが完成。

●ほくほくブロッコリー　芽の間に虫がいることがあるので、逆さにして10分くらい水につけてからゆでましょう。あつあつをお好みのディップで。

立春とは（2月4日～2月18日頃）

「暦上での春の始まり、一年の始まり」である立春は正月節ともいい、暦上でスタートを意味する二十四節気のひとつです。まだ寒い時期ですが、直前に節分があり、人々が春を待ちわびているのが感じられます。「立春大吉」と書いたお札を家の玄関や柱に貼って、一年の良きことを祈るのも立春ならではです。

2/24

雨水

開運ポイント

桃の節句

桃の節句は雛(ひな)祭り、そして「上巳(じょうし)の節句」といいます。雛人形を飾って、ひなあられ、菱餅(ひしもち)やちらし寿司、蛤(はまぐり)のお吸い物などいただきながら祝います。

雛人形は、雨水の時期に飾ると良縁に恵まれ、
前日に飾る一夜飾りは良くないので、避けましょう。

旧暦3月3日は春爛漫(らんまん)の頃で、桃の花が美しく咲き誇り、江戸時代に、この季節を女の子の華やかな成長を祝う節句にしたようです。節句は、もともとは「節供」と書き、特別な日に供え物を食べることで、厄払いの意味も大いにありますから、性別関係なく、どなたにとっても開運の意味で大切な日となります。

蛤のお吸い物…蛤の貝は、必ず一対で、他に合う貝がありません。このことから、伴侶としてこの人しかいない、という意味になります。この一対の貝に、ふたつぶんの身をのせることで、大きな幸福を得られる夫婦になるという願いを込めます。

ひなあられ…色に意味があり、季節を表します。
赤＝春、緑＝夏、黄＝秋、白＝冬。

菱餅…「上巳節」という中国の厄払いの行事の中で餅を食べることから、以下のような意味があります。

赤→桃の花→魔除け
白→雪→子孫繁栄・長寿
緑→新緑→健康・厄除け

旬の食材

[春キャベツ・からし菜・春菊]

●春キャベツの丸〜くおさめる煮　春キャベツは煮るととっても甘くなるので、鍋でグツグツ煮て食べましょう（P99にレシピあり）。

●まるまる雛ちらしケーキ（P100にレシピあり）

雨水とは（2月19日～3月4日頃）

雪が雨に変わり、山の雪解けも始まります。里にも少しずつ水が流れ、田畑が潤います。農耕の時期をスタートさせる合図です。雨水の時期は、霧やもやで霞(かすみ)がかかり、春のぼんやりとした情景を作り出します。「朧(おぼろ)」は夜の霞のことをいい、ぼんやりした月を愛(め)でることのできる「朧月夜」は、墨絵などにも描かれる、春の夜の麗しい月の姿です。

弥生（やよい） ~3月の口福~

どんな月？ 弥生

旧暦3月の和風月名で、弥生の「弥」はいよいよ、「生」は生い茂るという意味合いがあります。「木草弥や生ひ茂る月（きくさいやおいしげるつき）」が短くなり、「弥生（いやおい）」になり、それがさらに短くなって「弥生（やよい）」になった説が有力です。旧暦での弥生の時期は今では4月頃となるので、桜などの花を咲かせ春としてしっかりと役目を果たした晩春の季節となります。最近は暖かくなるのが早く、桜の開花もどんどん早くなっています。

3月の暦と開運話

3月には上巳の節句と合わせて、春分という大きな節目があり、ここでしっかり運の切り替えや厄落としをすることが肝心です。節句の行事、お墓参りなどを心がけましょう。春分の日を境に、恵方神社にお参りするのもいいですね。卒業などの人生の節目もやってくるのが3月の特徴で、新しい生活への準備や不安、期待などいろいろある月だと思います。春野菜の栄養をたっぷり摂ることで、新しいチャレンジが怖くなくなります。春のゆったり散歩も、新しいエネルギーを自然からもらえますよ。

3月に食べるといいもの

菜の花…「新しい命のエナジー」がたっぷり、栄養と運気の塊。デトックス、厄除け効果も。

鰆(さわら)…カリウムが多く、浮腫(むくみ)などを軽減する。高血圧にも良い。前進する力を与える。

八朔(はっさく)…抗酸化作用の高いビタミンCなどが多く、肌荒れに良い。柑橘は縁起を良くしてくれる果物。

ひじき…カリウム、マグネシウム、カルシウム、鉄分、ヨウ素など栄養が多く、食物繊維も豊富。海藻は「藻を狩る」→「儲かる」から、商売繁盛、健康運もアップ。

帆立(ほたて)…肝機能などをアップさせるタウリンが豊富。タンパク質や亜鉛、アミノ酸や旨味成分も沢山。「帆を立てる」という名から、順風満帆を意味する。

三つ葉…βカロテンやカリウムなどを多く含み、高血圧改善や視力回復、浮腫防止も。香りは癒しになり食欲増進にも。お吸い物などに入っている「結び三つ葉」は、縁を結ぶ意味から縁起が良い。

こんなふうに食べると幸せ2倍

●春野菜のしあわせ〜な高原サンド

菜の花は、マヨネーズとの相性が意外にいいので、サンドイッチにしてみると苦味もまたよし!(P101にレシピあり)

●八朔ドレッシング

八朔を半分に切り、スプーンなどでくり抜いて、フレンチドレッシングにイン!　ハチつながりでぜひ蜂蜜も入れてみて。

3/24

啓蟄

開運ポイント

ホワイトデー

日本で生まれた風習です。バレンタインデーにチョコレートをもらった男性が、お返しをするというイベントです。キャンディーやマシュマロ、クッキー、ホワイトチョコなどをお返ししたりします。お菓子以外にお返しすることもありますが、ハンカチを送るのは風水的に別れを意味しNG。選びがちなプレゼントですが、気をつけましょう。

十六団子…稲作と関わる行事。3月16日前後に田植えの準備をし、山神様に里に降りて来て、田の神となっていただき、豊穣の祈りを捧げるために16個の団子を供えたということです。稲作をしない人も、自分の人生の豊穣、実りのために山神様に祈っておきましょう。

旬の食材

[苦味の春野菜(うど、ふきのとう、タラの芽、芹(せり)、クレソン、ふき)]

●**春の苦みの酢味噌和え** 春野菜の苦味と酢味噌は好相性。砂糖は控えめにして大人な味わいに。

●**芹のスープ** 芹は根の部分がとても美味。サッと火を通し、あまり煮立たせないこと。スープはコンソメが相性良い!

啓蟄とは（3月5日～3月19日頃）

土の中にいて冬を過ごした虫たちが動き出し、外に出てくる頃のことをいいます。桃のつぼみがふくらみ、蝶はサナギから成虫へと変化し旅立ちます。人間世界でも変化が多い時期。次のステップに向かって準備する時です。

4/24

春分

開運ポイント

春のお彼岸

春分の日は、太陽が真東から登り、真西に沈むことから、極楽浄土への扉が大きく開くと考えられていました。その特別な日は、私たちと血がつながっていたご先祖様たちと、コミュニケーションを取れる日と考えてください。そのためのお供えにぼたもちなどを準備しましょう。亡くなった方の好きなものもいいですよ。ぼたもちは胡麻やきな粉、ずんだなどでもいいし、この季節に美味しいいちごなどを飾って、苺大福風にするのもありです。

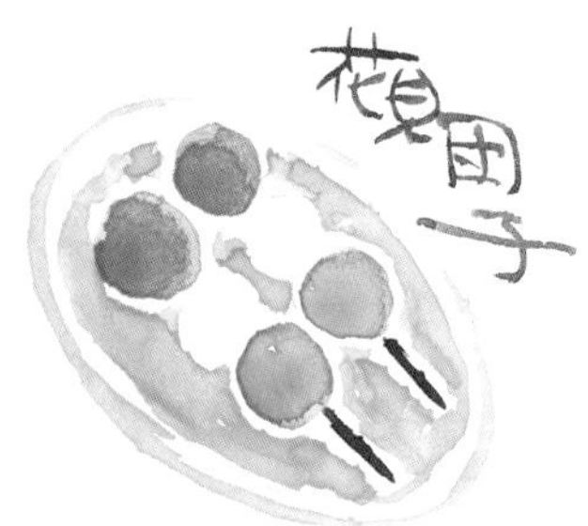

花見…花見は中国から伝わり、もともとは梅だったようですが、平安貴族によって、桜へと変わっていきます。お花見が一般庶民に広がったのはだいぶ後の江戸時代。そのことで桜の品種改良が進み、現在主流のソメイヨシノは、そのころに作られ、人気になったようです。お花見は、人と楽しむことで、明るい人間関係の縁が広がります。桜にちなんだ花見団子や桜餅を手に入れて、桜の下でいただけば、心が明るくなりやる気が出ますよ。

旬の食材

[三つ葉、ひじき、つくし、帆立]

●ひじきごはんとひじきの味噌汁 生ひじきは、ヒ素を落とすため、洗ってゆでこぼししてから、乾燥の場合は30分ほど先に水につけてから、ごはんや味噌汁の具に。

●三つ葉のおひたし 電子レンジで500w30秒。広げて冷ましたら、醤油・煮切りみりん・鰹節で。

春分とは（3月20日～4月3日頃）

昼と夜が同じ長さになる大きな節目。いろいろなスタートの準備もあり、心が揺らぎやすい時期ともいえます。お彼岸の時期でもあることから、自分のこれまでを振り返って深く感謝し、ご先祖様の大いなるバックアップを受けましょう。

卯月(うづき) ~4月の口福~

どんな月? 卯月

旧暦4月の和風月名で、「卯の花(ウツギ)が咲く月」という意味ですが、田植えなどが始まり、稲を「植える」時期であることから「植月」「種月」と呼んだり、4月の始まりのイメージから「初」「産」の「う」からついた、という話もあります。どれをとっても新しい始まりを意味する4月らしい柔らかなイメージです。十二支の卯年が4番目だからという説もあります。しかし、他の月には十二支にちなんだ説をもつものはないのです。

4月の暦と開運話

入学式、新学期、入社式。4月は新しい生活が始まる月といえます。桜や桃が咲き誇り、生きているものが思いっきり新しい生のエネルギーを出す季節です。4月8日には灌仏会(かんぶつえ)とも呼ばれる「花祭り」があります。こちらは、お釈迦様の生まれた日として、大切にされています。北関東や関西、特に京都では十三参りという、数え年で13歳の男女が虚空蔵菩薩にお参りする風習もあります。お参りして帰るときに決して振り返らない、という決まり事も。振り返ると神様から授かった福徳を返してしまうと考えられているからです。新しい体験や経験が始まる時期で、緊張もしているので、この時期に咲く花々の新しい力をもらって、負けないで過ごしていきましょう。

4月に食べるといいもの

しらす…春を知らせるしらす。大量の稚魚であるしらすは、子孫繁栄を意味する。カルシウムが豊富、ビタミンDやB12、DHA、EPAも。

筍(たけのこ)…えぐみが強いので、アク抜きを。ポリフェノール、カリウム、食物繊維などが多い。まっすぐ伸びる竹の若芽である筍は立身出世や、どんどん生えるので子孫繁栄にも。

新玉ねぎ…玉ねぎは血液がサラサラになる効果があり、酢玉ねぎなど健康に良い。炒めると金色になるので、金運アップに良く、旬の新玉ねぎはさらに力が増す。

蕗(ふき)…必ずアク抜きを。蕗は「富貴」とも書くことから、成功運・金運に良い。穴が通っている蕗の茎は「先が見通せる」。

新じゃがいも…カリウム、ビタミンB1、ナイアシンに加え、通常のじゃがいもの4倍のビタミンCがあり、皮のまま食べられる。丸くてコロコロ、すべてを丸める力がある。

こんなふうに食べると幸せ2倍

●アスパラガスのチーズがけ

下の固い部分を少し削いで、軽く塩をふってからチーズをのせ、チーズがとろけるまでチンして。アスパラの成長力＋チーズの金運力！

●筍の唐揚げ

筍を甘辛く煮たものが残ったら試してみて！片栗粉をつけて揚げるだけ。ますます運が上がっていきますよ。

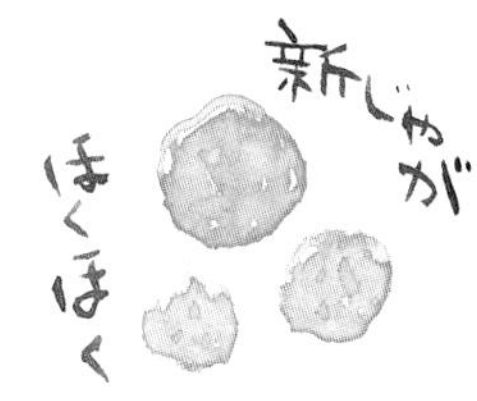

5/24

清明

開運ポイント

灌仏会（かんぶつえ）

お釈迦様の誕生日を祝う日です。法要をし、「花御堂（はなみどう）」と呼ばれるお花を飾った小さなお堂の中に「誕生仏」を祀（まつ）り、そこに「甘茶」を柄杓ですくって注ぎます。お釈迦様が生まれた時に龍が天から降りてきて「香水（こうずい）」を注いで、洗い清めたという伝説から行います。

甘茶…ヤマアジサイの変種である「甘茶」は自然そのものの甘みで、甘味料などは一切入っていません。甘茶は、お寺に行かなくても、ご自宅でお釈迦様をお祝いする気持ちで飲んでも良いでしょう。

茶摘み…中国では「清明節」といって、中国茶の茶摘みの時期。中国茶は香りを楽しむ飲み方をしましょう。日本では5月2日頃の八十八夜が有名ですが、二十四節気の考え方は中国から渡ってきたものなので、こういった似たような行事があったりします。

旬の食材

[初鰹、新じゃがいも、新玉ねぎ]

●**新たまの黄金とろろんカレー** 新玉ねぎだけ、肉なしで。隠し味に味噌かウスターソースを少し（P102にレシピあり）。

●**新じゃがのコロコロバター肉じゃが** レンジで加熱した新じゃがと、ひき肉だけで肉じゃがを。最後にバターを入れて。

清明とは（4月4日〜4月18日頃）

生きとし生けるものが、清らかにキラキラと命を輝かせる意味の「清浄明潔（せいじょうめいけつ）」を略した言葉です。花は咲き、風も穏やかに、光も輝いているこの季節は、暖かさも本番で、みんなが幸せを感じます。幸せの使者である、ツバメが海を渡って日本に来て、幸せの象徴である虹が見え出す頃なのです。

6/24

穀雨

開運ポイント

八十八夜

「八十八夜」は立春から数えて88日目にあたる日のことをいい茶摘みが有名ですが、農作業スタートの目安にもされていて、5月2日、3日あたりとなります。「米」の字を分けると「八十八」になり、また、末広がりの八が重なることから、「農の吉日」ともいわれます。この後は霜が降りることもなく、安心して農業ができるのです。この日に摘んだお茶を一番茶として飲むことで、一年を無病息災でいられると伝えられています。5月末までに摘んだものを新茶ともいいます。

緑茶の美味しい淹(い)れ方

1. 人数分の湯呑みを用意し、お湯を7割〜8割入れて冷ます。
2. 急須に一人2グラム程度の茶葉を入れる。
3. 湯呑みで冷ましたお湯を急須に注いで1分程度待つ。
4. 湯呑みに均等に少しずつ入れて、最後の一滴まで入れるようにする。

☆出がらしは、佃煮風に甘辛く煮て食べましょう。緑茶のカテキン等栄養がすべて体に入ります。

旬の食材

[筍、さやえんどう、アスパラガス、ヤリイカ]

●焼きアスパラの味噌うま　マヨネーズと白味噌を混ぜたディップが相性ばつぐん（P103にレシピあり）。

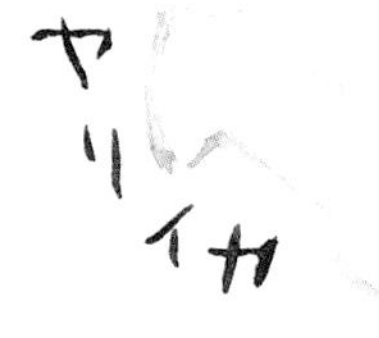

穀雨とは（4月20日～5月4日頃）

この世のさまざまな穀物に天からの愛である雨が降り注ぎ、そこから地の栄養と水分で身を膨らませ、これから大きく育つように、と祈りの込められた時期です。その代表的なイメージが「八十八夜」で、緑茶の茶摘みの季節となります。

コラム 季節を感じる行事食「ハレ」と「ケ」

年中行事の日などに、特別なものをいただくごはんを行事食といいますが、この行事食はなぜ必要なのでしょうか。

人は生きている中で「ハレ（晴）」と「ケ（褻）」があります。「ハレ」は非日常であり、祭りや儀礼、そして年中行事など特別な日の事をいいます。「ケ」は日常で、普段の普通の生活をいいます。この行事食というのは、「ハレ」の日のごはんです。「ケ」という日常の中で、「ケ」が枯れていきます。その時に「ケガレ（穢れ）」になります。これは生きるための力がだんだん無くなっている状態でもあります。忙しい日常を過ごしていると気持ちが落ちたり疲れたりするのは昔の人も現代の人も変わらないという事なのです。その中で、「ハレ」の日の行事食を特別なものにすることで、幸せな気持ちになり心も体も運も復活していくのです。「ハレ」の日の行事食は、自分自身でできる穢れを祓う行為です。こうして、見えない神様と「ハレ」を共有して、感謝することで、自分で普段、知らず知らずに溜まった「ケガレ」を祓うことができるのです。年中行事などの良い所は、楽しみながら、美味しい思いをしながら「ケガレ」を祓うことができる所にあります。楽しんで美味しい思いもして家族で運が上がるならば、やらずにいるなんて損なんです。

そして旬の食材は、とても大きなエネルギーを持っています。季節の力が大いに込められて、私たちの穢れを祓い、食べることで、内臓からパワーをアップしてもらえます。旬の開運力はとてもすごいものです。ダイエットをした方ならわかると思いますが、ダイエットしたとき、体中の力が抜けて、元気もなくなり、食べ物の事ばかり考えてしまったりします。それは生きる力が枯渇している証拠なのです。このエネルギーを充填させるのは、口から得られる食からなのです。

「食材」といっていますが、食べるもの全て命のあった生き物なのです。あなたと同じ命を持って、尊く生まれたその身を、あなたのために分けてくださいます。ハレの日も、ケの日も感謝しながらいただいてください。きっとその気持ちが、ハレの日のパワーを上げてくれますよ。

なつ

夏

夏

生き物が、光あふれる太陽からエネルギーを受けて、成長し、その命を輝かせます。人間たちは、お祭りに熱く心を燃やしたり楽しいイベントに酔いしれ、体も心も燃え上がらせる特別な季節です。この暑い時を乗り越えることで、人も生き物も心身充実させていきます。

どんな月？ 皐月

旧暦5月の和風月名の皐月は、田植えや早苗という言葉と深い関わりがあります。5月といえば田植えの時期で、早苗月と呼ばれていたのが「さつき」と略された説や、早苗の「さ」の字に田植えの意味があるという説があります。神様のイネを意味する「皐（さ）」に置き換えた、という話もあります。本来旧暦では、5月は「早苗月」「五月雨月」「午月」など様々な呼び方があったようです。日本書紀では、「五月」と書いて「さつき」と読ませていました。

5月の暦と開運話

5月5日に、端午の節句という男の子の健やかな成長を祝う日があります。基本、節句は老若男女関係なく大切に過ごす日ですが、武士の時代にこうした風習になったようです。そして、この時期は田植えのシーズン、緑が美しくなってきます。暦というのは、農作業と深い関わり合いがありますから、とても大切な「スタート」の時期になるわけです。植えた苗が無事に成長し、実ることを願って、山の神や里の神に神事を捧げ、それに関わる行事などを昔の人はしていました。神への願いと祈りが飛び交うこの月だからこそ、自分も同じように神に祈って、人生の運の田植えをしてみてください。

5月に食べるといいもの

初鰹（はつがつお）…「勝つ男」として、端午の節句などでもいただく。勝負事運に最適。脂身が少なくてサッパリしている。

わかめ…ヨウ素・カリウム・マグネシウム・カルシウムなどミネラル豊富。食物繊維、ビタミンKも。「和布刈神事（めかりしんじ）」は出雲や北九州などでわかめを狩る前の神事として大切にされている。

さくらんぼ…ビタミンCとβカロテン、カリウム、鉄分も。かわいい双子のさくらんぼ、食べると恋人同士や夫婦が仲良くなって、恋愛運も愛情運もアップ。

いちご（路地）…ビタミンCは野菜類トップクラス。路地ものは小さくて少しすっぱいし、安くなっているので、ジャムや凍らせてスムージーに。いちごは恋愛運や愛情運の他に、美容運も上がる。

枇杷（びわ）…枇杷は弁財天が持っている楽器の琵琶とも通じ、金運、美容運、芸事向上にも。

こんなふうに食べると幸せ2倍

●わかめと鶏肉の煮物

乾燥わかめは鶏肉を煮て柔らかくなってきてから入れる。味付けは、砂糖・醤油・みりん・酒。鶏肉は神の使い。わかめも神事に用いられ、開運力爆発。

●しらすのすっぱ丼

柑橘果汁（市販の瓶入りレモンでも）に醤油を混ぜてタレは完成。あれば大根おろしも。ごはんの上にしらすをのせ、タレをかけて。若々しさ回復。

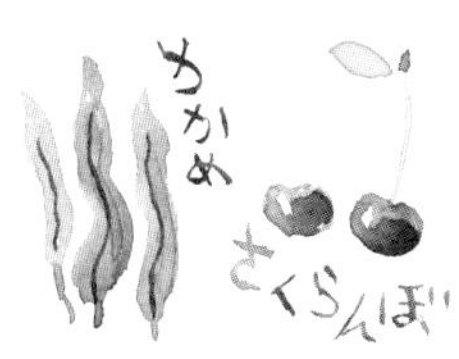

7/24

立夏

開運ポイント

端午の節句

もともとは「はじめの午の日」の意味だった「端午」ですが、「午」を「ご」と読むことから、5月の節句となったようです。武家文化の影響により、後継ぎである男の子の成長を盛大に祝う節句となりました。端午の節句には、柏餅、ちまき（中国の影響）、草餅、そして男の子の成長を祈るために、響きが「勝つ男」の「鰹」、出世魚の「鰤」、それからグングン成長する「筍」などをいただきます。
鯉のぼりは、滝を登ると龍になることから、「立身出世」を意味しています。
五月人形は春分頃に飾り始め、節句後、晴れた日に大いに感謝してから、しまいましょう。
菖蒲は「勝負」に通じます。その剣のような形から、魔除けを意味してきました。菖蒲湯に入って身を清めることも忘れずにしましょう。

母の日…5月の第二日曜日、母の日には赤いカーネーションをプレゼントします。行事食としては、赤いカーネーションにちなんで赤いものをいただきます。赤飯、トマトを使ったおかず、旬のいちごを使ったデザートなど、お母さんが喜ぶものを作ってみましょう。

［にんじん、わかめ、鰹、玉ねぎ］

●端午の節句！ 勝つ男の立身出世ちまき風 笹の葉のかわりにクッキングペーパーを活用（P104にレシピあり）。
●ひまる式 幸運のキャロットラペ しばらくおいても、作りたてでも美味しいです（P105にレシピあり）。

立夏（りっか）

立夏とは（5月6日～5月20日頃）

「四立（よんりつ）」といって、季節の変わり目の目安になる立春、立夏、立秋、立冬。その中でも夏の始まりを意味する立夏の時期は、風も空気も爽やかな、一年でも特に気持ちのいい季節です。端午の節句もあります。

開運ポイント

麦のとき至る

これは、小満の後半をさす七十二候の言葉です。麦は、米と同じく、世界中の主食として大切にされてきました。神様の与えた食べ物でもある、黄金の稲穂は、金運にも結びつきます。そして、麦の収穫の時期こそが、この小満なのです。穂を揺らしながら吹き渡る風を麦嵐といい、この爽やかな季節にぴったりの風となるのです。

紅花…紅花は、昔、染め物や口紅などのために山形で一大生産されていた花です。とても高級で、それは見事な色に染まります。その種子から紅花油（サフラワーオイル）が採れます。紅花油はオレイン酸が多く、腸内環境を整え、胃腸の調子も良くし、便秘なども改善します。

桑…桑の実（マルベリー）、桑茶などがありますが、それらはDNJ（デオキシノジリマイシン）が血糖値を下げて、糖の吸収を抑え流すので、ダイエットはもちろん、糖尿病予防としても注目されています。

旬の食材

［さくらんぼ、どじょう、らっきょう］

●らっきょうの漬物 漬けておけば、ごはんのお供だけでなく、ソースやドレッシングの薬味としても使えます。らっきょうはゴシゴシ強く水洗い。薄い皮はむきにくいので、根元を切る際に薄く皮を残しておいて引っ張ると楽です。甘酢や梅醤油で漬けます（加熱した漬け汁にらっきょうを入れるとピクルスになります）。3日目くらいから食べられますよ（辛かったらもう少し漬けて）。塩と水だけの塩漬けもおすすめ。10%の塩分でひと煮たちして冷まして、1週間漬けてください。

小満とは（5月21日～6月5日頃）

すべての生きとし生けるものが命を輝かし、満ち満ちと成長していく時期のことを小満といいます。美しい光と風のあふれる時ですから、自分の命も同じように輝くタイミングと思ってください。そういう季節に合わせたやる気こそが、あなたの命をも光り輝かせるのです。

水無月（みなづき）〜6月の口福〜

どんな月？水無月

旧暦6月の和風月名は水に無い月と書いてミナヅキです。梅雨の時期でもある6月ですが、なぜ、水の無い月と書くのかというと、「無」は無し、という意味ではなく、「の」という意味で使われます。ですので、田んぼに水を引く月、「水の月」の意味なのです。そして暦上で立春から135日目の6月11日頃を「入梅」といいますが、これは梅の熟す頃で、梅雨の目安とはされていますが、気象庁の「梅雨入り」とは別物です。水辺に暮らす蛍も美しく舞うこの時期。水は生きるものにとって必要不可欠で、すべての命の源であることを感じます。

6月の暦と開運話

その年前半の大きな節目となる6月。衣替えなどもあり、装いも変わっていきます。そして昼間の力が最高になる夏至が訪れ、天照大御神（あまてらすおおみかみ）の力が最高になるだけでなく、6月30日には夏越（なごし）の祓（はらえ）が行われて、悪い邪気を祓い、今年後半に備えます。梅雨入りもし、雨が降ることも多くなってしまいますが、梅雨がなければ、夏に生きるための水を確保することができません。とても大切な時期なんですね。6月はいろんな意味で節目となるので、それを感じながら過ごしてみてください。梅仕事の時期でもありますよ。

6月に食べるといいもの

梅…クエン酸などの体に良いことがたくさんの伝統食。お弁当の防腐剤的な役目も。厄除け。

鮎(あゆ)…澄んだ川でしか育たない鮎は、美しさの象徴。頭から内臓までいただいて美容運アップ！

トマト…「トマトが赤くなると医者が青くなる」といわれる野菜。油と一緒にとると、吸収力アップ。健康運が高まり、やる気が起こる。

メロン…カリウムの宝庫、ビタミンCも多い。赤肉種ではビタミンAもとれて、肌にも良い。高級なイメージのメロンは、上を目指す人の運を上げる。贈り物にすると、相手にも自分にも開運を呼び込む。

こんなふうに食べると幸せ2倍

●梅の炊き込みごはん

米に分量通りの水を入れて、手でちぎった梅干しを散らします。しょっぱくなりすぎないように梅干しの塩分を見ながら入れましょう。家にある野菜を細かくしたものも加え、蜂蜜を回し入れて、酒・醤油・みりん少々で炊きます。

●トマトのドリア

ごはんにレトルトのビーフシチュー、またはハヤシライスの素をかけます。その上から輪切りにしたトマトをたっぷりのせ、とけるチーズをのせてオーブンで焼き色がつくまで加熱。

●梅で厄払いなイカ煮込み

梅干しと魚介はよく合います（P106にレシピあり）。

6/9 芒種

開運ポイント

御田植祭（おたうえさい）

豊作になることを祈って、田植え歌を歌いながら花笠をかぶった早乙女が苗を植え、その地方地方で御田植祭や神事を行います。皇室の領田や、伊勢神宮などの神社仏閣などで伝えられる稲を育てるために、とても大切な行事です。伊雑宮（いざわのみや）（三重県志摩市）、香取神宮（千葉県香取市）、住吉大社（大阪市）が日本三大御田植祭といわれます。

父の日…6月の第三日曜日は父の日。母を亡くし、父の手で育てられたアメリカ人の女性が父にも感謝を、と提唱したのが始まりだとか。母の日の赤いカーネーションに対し、父の日は幸運を意味する黄色いバラをプレゼントします。父の日の行事食は特にありませんが、居酒屋風おもてなしでお父さんを喜ばせましょう。

入梅・梅仕事…暦の上で入梅は梅雨の時期の目安にはなりますが、梅雨入りとは別です。梅仕事はこの時期に漬け始めたものを、夏の土用の時期に土用干しをして、カビが生えないようにします。梅仕事は塩分が少なすぎたり消毒不十分だと、カビが生えることがありますから慎重にしましょう。

旬の食材

［トマト、とうもろこし、アワビ、枇杷、梅］

●梅干し＆簡単甘酸っぱい漬物 梅干しを漬けると出てくる梅酢で、かんたん漬物も（P107にレシピあり）。

芒種とは（6月6日～6月20日頃）

「芒（のぎ）」とは、稲の穂の先の針のような突起のことをいい、「芒種」は種まきを意味します。田んぼも雨に濡れ、雨空が広がる日が多くなっていく時期です。湿気が増え、カビなどが多くなり、食中毒に注意の時期に入りました。

10/24 夏至

開運ポイント

夏越の祓（なごしのはらえ）

一年の半分を過ぎたところで、これまでの体についた穢れを落とし、これからの半年を無病息災で過ごせるように祈るため、神社に置かれた「茅（ち）の輪」をくぐります。そして人を象（かたど）った人形（ひとがた）に自分の汚れを移し、神職にお焚き上げをしてもらい、半年の厄を払います。

水無月…京都では「水無月」という和菓子をいただきます。外郎（ういろう）に、邪気を払う小豆をのせています。三角の形が印象的です。

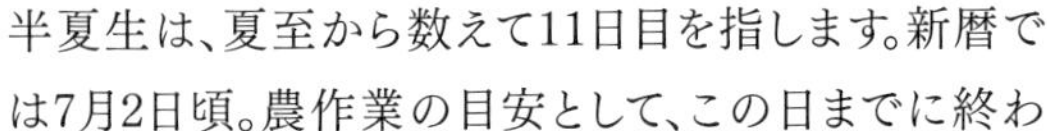

半夏生（はんげしょう）

半夏生は、夏至から数えて11日目を指します。新暦では7月2日頃。農作業の目安として、この日までに終わらせるように、という日です。忙しかった農作業のタイミングを図るための知恵でした。半夏生を過ぎても農作業をすると、「半夏、半作」など、収穫が半減するといわれていたそうで、この日までに農作業を終わらせるようにとの戒めもありました。地域によって季節の感覚が変わるので、判断に少し違いはあります（上記は関東中心の考え方）。

たこ…この時期、主に関西で食されますが、吸盤が吸い付くように、苗がしっかりと根付いて、立派な稲が育ちますようにという祈りが込められています。地方によっては小麦餅やうどんなどをいただくそうです。

旬の食材

［たこ、シソ、オクラ］

●たことオクラの梅和え たことオクラを一口大に切り、梅肉、酢・砂糖少々、ごま油と混ぜる。

●鶏ささみとシソのさっぱりパスタ ささみを一口大に切って炒め、ゆでたパスタと絡めながら、麺つゆ・豆乳と、最後に軽く酢（あればりんご酢）をかけ、仕上げに大葉の千切りを。

夏至（げし）

夏至とは（6月21日～7月6日頃）

昼間が一番長く、夜が一番短くなる日。太陽の化身は天照大御神であり、そのお力を最大値で受けることができる特別な日。ここを境に、陰陽のバランスが逆転していく。夏の大きなエネルギーはまだまだあるので、植物と同じように私たちも大きく成長していきましょう。

文月（ふづき） ~7月の口福~

どんな月？ 文月

旧暦7月の和風月名で、「ふみつき」とも読みます。七夕の節句がある月です。天の川を挟んでのロマンチックな伝説と宇宙に思いを馳せます。梅雨も明け、いよいよ、夏の土用もやってきます。土用はそれぞれ春夏秋冬の変わり目にありますが、夏土用の「土用の丑の日」は有名です。そして、土用干しをするタイミングです。強い太陽の光で衣類や梅干しを乾かし、高温多湿な環境を好むカビなどを防ぎます。カビは運気を下げる原因にもなるので、徹底的に干しましょう。

7月の暦と開運話

夏越の祓が終わってすぐに、七夕（しちせき・たなばた）の節句があります。清められて、美しい心と体の状態で迎える節句は、清々しいものです。七夕は、織姫と彦星の悲しくもロマンティックな若い恋人同士の純愛がそこにあります。3月5月の子供の節句からひとつ大人になり、まっすぐな愛を知って心の成長もできる機会といって良いのではと思います。夏土用の丑の日に鰻を食べるのは有名な話ですが、「う」のつくものならなんでも大丈夫ですよ！

7月に食べるといいもの

夏野菜…ピーマン、なす、きゅうり。夏のエネルギーを浴びた野菜は浮腫（むくみ）をとるカリウムが多い。日焼けした体を冷まし、肌を守るビタミン類も豊富。夏のパワーを含んだ野菜から元気になるエネルギーをもらえる。

にんにく…アリシンなど、滋養強壮効果抜群。免疫力強化、血行促進など。厄除け開運。仏教に「忍辱（にんにく）」という言葉があり、耐え忍び、現実逃避しないという意味合いが。

牡蠣（かき）…タウリンやグリコーゲンで、スタミナ増強、疲労回復、視力回復。福をかき寄せる意味で、牡蠣に「賀喜」または「嘉喜」の字をあてることも。

茗荷（みょうが）…動脈硬化やがん予防。食欲増進、浮腫防止も。漬物にすると実は美味しい。厄除け。

こんなふうに食べると幸せ2倍

●夏野菜のごっちゃサラダ

野菜を小さめに切って、ドレッシング（酢・塩・コショウ・オリーブオイル・好みで砂糖）と混ぜます。マヨネーズも入れてコールスローのようにしても。トマトが入ると風味がアップ。

●にんにくの旨味鶏

鶏もも肉を皮目から焼き、フライ返しなどでしっかり押し付けながらパリパリに焼きます。にんにくのすりおろし（またはスライス）に醤油・みりん・酒を入れて、焼いた肉に最後サッとかけて軽く煮立たせます。

11/24

小暑

開運ポイント

七夕

七夕の節句は「笹竹の節句」ともいいます。もともとは中国で、機織りや針仕事の上達を願いました。奈良時代から宮中行事としても取り入れられてきました。それから徐々に今の形になりました。
新暦では梅雨と重なり、雨の日が多い七夕。星が見えなかったり雨が降っていたりと、ちょっと残念な部分もありますが、節句として「7と7」が揃ったこの日を、開運のきっかけ日としていきましょう。願い事の短冊は、ベランダの物干し竿などを笹に見立てて、くくりつけても。

素麺（そうめん）…七夕の行事食は素麺です。白く細い感じが天の川をイメージさせます。こちらは江戸時代からの風習で、中国では索餅（さくべい）という小麦と米粉のねじねじした揚げ菓子を食べていました。

星の形をしたもの…七夕にちなんで、切った断面が星形に見えるオクラや、キラキラした金平糖などをいただきましょう。

旬の食材

[にんにく、なす、きゅうり]

●なすの嬉しくてとろけちゃう丼 ごはんが止まりませんよ（P109にレシピあり）。

●きゅうりチャーハン きゅうりを乱切りにして、油で炒めます。卵を加えて炒め、ごはんを入れ、フライパンの鍋肌から醤油（＋麺つゆで味が深まります）を回し、全体を混ぜしっかり炒めます。きゅうりは結構火を通しても美味です。

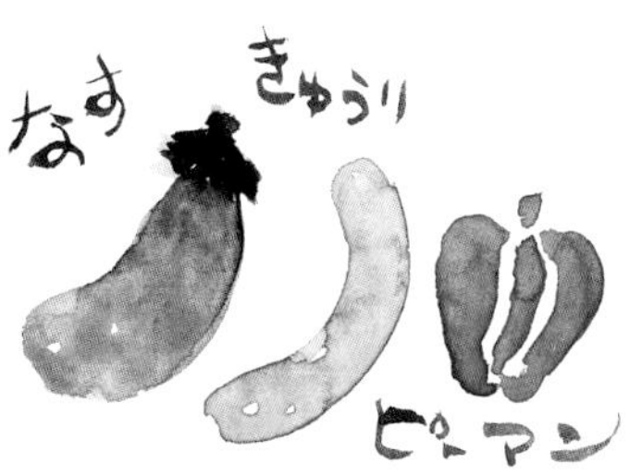

小暑とは（7月7日～7月22日頃）

梅雨が終わり、夏本番を迎える頃です。暑さが厳しくなり、体がついていかずに不調が出やすくなります。この頃にいただくものが夏を乗り越えるヒントになります。そして、仏教で仏様の台座としてよく描かれる、蓮の花が咲く頃も迎え、とてもありがたい気持ちになります。小暑の中頃を七十二候で「蓮始開（はすはじめてひらく）」といいます。4日間ほどの儚い花の命です。

12/24

大暑

開運ポイント

夏の土用

土用の丑の日が有名です。土用はすべての季節でやってきますが、とにかく夏の土用はデトックス作用が強いです。「う」のつくものなら、鰻でなくてもいいんですよ。でも鰻と梅干しは食べ合わせが悪いので一緒に食べないでくださいね。

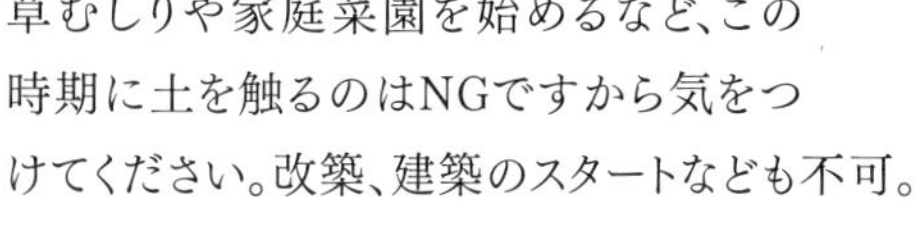

草むしりや家庭菜園を始めるなど、この時期に土を触るのはNGですから気をつけてください。改築、建築のスタートなども不可。

暑中お見舞い…暑中お見舞いを出すのもこの時期ですね。最近ではメールなどでも挨拶をしますが、葉書の良さはやはりあります。そして暑い中、いただきたいのはアイス！ それからかき氷。

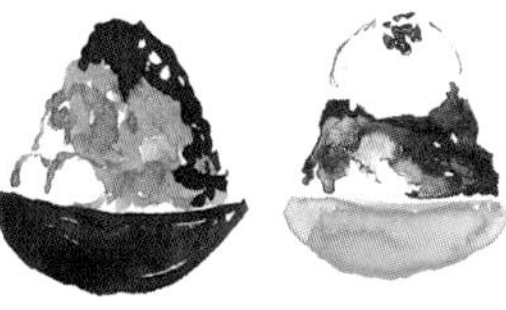

お店で食べるのもいいですが、家で、果物、ジュースやコーヒー牛乳をそのまま凍らせてかき氷にしたり、果物を自分でトロトロのソース状にして、かき氷にかけるのも意外と簡単で美味しいですよ。

旬の食材

［茗荷、牡蠣、ゴーヤ］

●牡蠣の白髪ねぎがけ 牡蠣を皿にのせ、ラップをかけてレンジで500w3分。フライパンに油を熱し、白髪ねぎと醤油を入れて、熱いうちに牡蠣にかけ、レモンを絞っていただきます。

●七夕！ 茗荷の愛情とうにゅう！ 素麺 タレに柚子茶も入れます（P108にレシピあり）。

大暑とは（7月23日～8月7日頃）

一年で一番暑い時期です。たくさんの夏祭りや花火大会などが行われて、夏を満喫する時期です。空が高く入道雲も広がります。夏の土用も到来で、すっきりデトックス。夏の風物詩を感じて、たくさん思い出を作りましょう。

コラム 神饌は神様のしあわせごはん！

私たちが食事をするのと同じく、神様もお食事をします。古事記や日本書紀の中にも、そういった場面が書かれていたりします。神様も私たちと同じく、お腹を満たすことで、気を充実させます。そのために捧げるのが「神饌」です。「御饌（みけ）」という言葉でも表されます。神社の大切なお祭りなどで、食べ物を、神職が神様の祭殿の前に運び、拝礼をして、撤饌（てっせん）する場面などを見たことがあるのではないでしょうか。神様にとっても食べることはこの上ない口福であり、その実りというのは、命のバトンをつなぐプロセスと捉えていらっしゃいます。だからこそ、「神嘗祭」「新嘗祭」などのお祭りはとても丁寧に大切に考える必要があります。

実りがなかったら、私たちは食べることができない。とても深刻なことなのです。飽食である時代だからこそ、神饌や新嘗祭などの意味を深く重く受け止める必要があるのではないかと思います。今、蜜蜂の危機が訴えられたりします。蜜蜂がいなかったら、花粉の受粉もできずに、植物は育ちません。実らない＝ごはんがなくなります。知らないところで、私たちがどれだけ自然のシステムに守られているかをしっかり考えないといけないのです。人間は賢いのだから、そこに気がついて、もう一度感謝の気持ちを心から感じる必要があるのです。

ところで、神様たちは食事もしますが、私たちと同じく、宴会もするのです。それは「直会（なおらい）」といいます。この言葉は、特に出雲地方で使われます。なぜかというと、旧暦の10月、神無月、出雲では神在月と言いますが、この時に日本中の神様が出雲大社に集まり、来年のご縁についての会議をします。1週間続いた会議は、終わったその後、万九千（まくせん）神社に移り、神様同士での直会をして、盛り上がります。びっくりしますが、神様って本当に人間と一緒で、真剣な会議の後に、楽しく日本酒を飲みながら美味しい神饌をつまみに色々楽しくお話しするようです。その盛り上がった神様にお帰りいただくために、「神等去出（からさで）祭」を行います。中には帰りたくないと駄々をこねる神様もいらっしゃるそうですよ。神様に親しみを感じますね。

あき
秋

秋

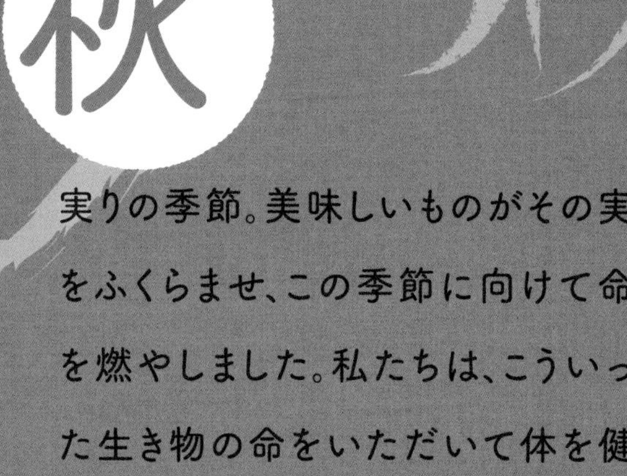

実りの季節。美味しいものがその実をふくらませ、この季節に向けて命を燃やしました。私たちは、こういった生き物の命をいただいて体を健康に保っています。それは運も同じこと。秋はすべてが形となる季節です。

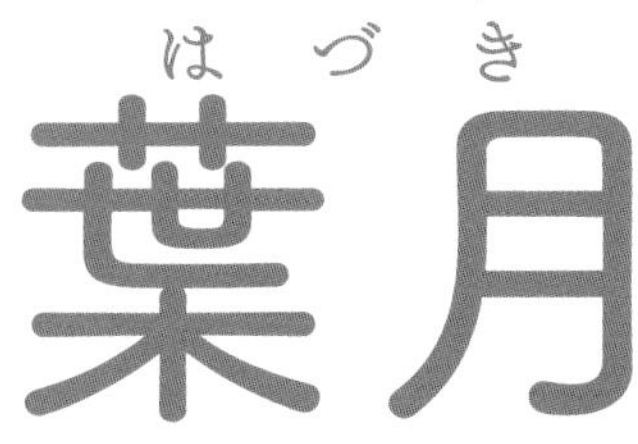

葉月 ～8月の口福～

どんな月？ 葉月

旧暦8月の和風月名で。夏祭りや花火大会、盆踊りなど、楽しいことが目白押しの時期です。夏休みもあって、人々が活発になります。葉が生い茂るから葉月では？ と思いがちですが、「葉が落ちる月」という意味です。暑いこの季節には、お盆があり、ご先祖様とのつながりを再確認するときでもあります。夏休み、お盆休みなど、家族とのつながりも感じる大切な月。スイカやメロン、桃やマンゴー、トマトやきゅうりなど、夏の野菜や果物が美味しい時期です。

8月の暦と開運話

旧暦の8月1日は「八朔」「田の実の節句」ともいって、早稲を田の神様に供え、「田の実」を「頼み」にかけて、お世話になった方へ稲穂など贈り物をする風習などがあります（京都では舞妓さんや芸妓さんが日頃お世話になるお茶屋さん、師匠などにご挨拶に伺います）。江戸時代に徳川家康が江戸城に入城した日ということで、とても重要な日とされて、大々的なお祝い事もされていました。

そして8月はなんといっても、「お盆」が全国的にある月です。京都では大文字焼きをし、なすやきゅうりを使って牛や馬を表し、「精霊牛（しょうりょううし）」「精霊馬（しょうりょううま）」を玄関などに飾ります。これは、きゅうりの馬に乗ってご先祖様があちらの世界から急いで来て、なすの牛でゆっくり帰る役目を果たしています。

8月に食べるといいもの

スイカ…夏バテにとても良い。カリウムやビタミンなどのミネラルも豊富。大きく丸くて、縁をつなぐ意味がある。

無花果(いちじく)…無花果の花は実の中にあり、「多産」「裕福」「実りある恋」などの花言葉がある。不老不死の果物ともいわれた。

冬瓜(とうがん)…夏が旬ですが、冬まで保存できるので、「冬」とつく。カリウムとビタミンCが豊富で、夏バテに良い。長く頑張れる強さをもらえる。

太刀魚(たちうお)…刀のような長い姿、健康にいい脂質、オレイン酸が多く、みりん干しなどにしても美味しい。長い物が縁起良いとされる中国では、お正月に欠かせない魚。

屋台料理…夏祭りを楽しみながら、開運!

◇焼きそばは人との良いご縁がつながります。
◇りんご飴は恋愛運に良く、恋人とも仲良くなれます。
◇かき氷は冷静な判断ができて、仕事運アップ。
◇わたあめやべっこう飴は財運が高まります。
◇たこ焼きやお好み焼きは金運アップに効果的です。

こんなふうに食べると幸せ2倍

●スイカの皮のデトックスなあっさり漬け

濃い緑色の部分をスライサーで厚めにむき、食べやすい大きさに切ってポリ袋に入れ、塩をふってもみます。

●不老不死の桃とハムパスタ

桃のかわりに無花果も合います(P110にレシピあり)。

立秋

開運ポイント

お盆

全国的には8月13日～16日がお盆ですが、7月15日を中心に行うところもあります。
新暦と旧暦の変化などが理由として挙げられます。
「7月盆（新盆）」、「8月盆（旧盆、月遅れ盆）」、そして旧暦の7月15日に合わせた「旧暦盆」に分けられ、各地の風習で行われます。亡くなった家族や、ご先祖様を家に迎えて、共に思い出を語りながら過ごします。

精進料理…霊供膳（りょうぐぜん）という器を用いる、一汁三菜で、ごはん・味噌汁・煮物・和え物・炒め物など。白飯は、亡くなった方が飢えないよう器に丸くこんもりと大盛りにしましょう。

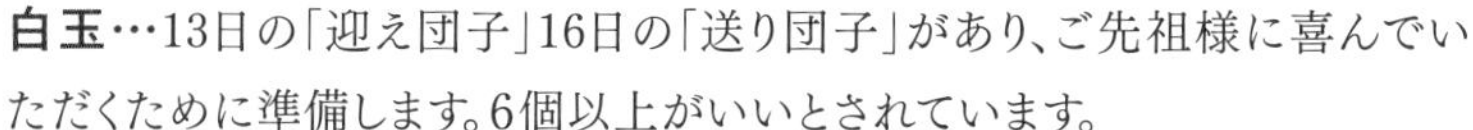

白玉…13日の「迎え団子」16日の「送り団子」があり、ご先祖様に喜んでいただくために準備します。6個以上がいいとされています。

素麺…地域にもよりますが、ご先祖様とのご縁や、長く子孫に幸せが続くようにとの意味で、15日にいただくことが多いです。ちなみに14日はおはぎをいただきます。

牛や馬に身立てた「精霊牛」や「精霊馬」などはご先祖様が乗ったものなので食べません。昔は、埋めたり、川に流したりしました。今はお庭があるおうち以外は難しいかもしれません。もったいないと思う場合は、あえて作らなくても大丈夫です。かわりに、布、折り紙、絵で牛や馬を表現してみるのもオススメ（処分の際は、紙や布に塩を振って普通に捨ててOK）。

旬の食材

［桃、無花果、冬瓜、スイカ、鱸（すずき）、太刀魚、カボチャ］

- 桃のコンポートヨーグルト添え 種の部分にヨーグルトを入れるだけ。
- 冬瓜のステーキ 油で焼き、わさび醤油かステーキソースで。

立秋とは（8月8日～8月22日頃）

いよいよ暦上では実りの秋がやってきますが、実際は暑さ真っ盛り。この日を境にご挨拶は「暑中お見舞い」から「残暑お見舞い」に切り替わります。残った夏を満喫するべく、この時期は夏祭りがたくさん。でも夏バテもやってくる頃。それを補う旬の食べ物はいっぱい！

14/24 処暑

開運ポイント

二百十日

立春から210日目、9月1日頃です。稲穂などの花がつき始める大切な時期ですが、台風が多く、この日を警戒して、農家の厄日としています。二百二十日も、同じく台風が来やすい農家の厄日です。

風害
台風など

「八朔（旧暦8月1日）」、「二百十日」、「二百二十日」は「三大厄日」として、農家の方は警戒する日となります。

風祭り

台風の季節に、風の被害から農作物を守るために祈願する祭りです。「三大厄日」の前後にする場合が多いですが、各地でいろいろやり方があるようです。風を鎮めて、豊作を祈る農家には大切なお祭りです。

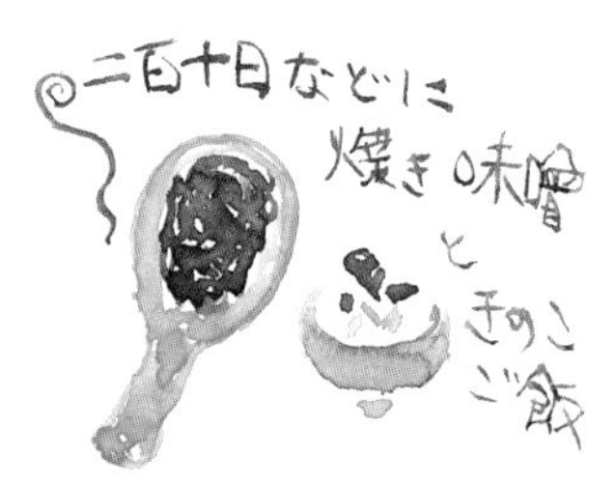

旬の食材

［さつまいも、梨、ぶどう］

さつまいも

●さつまいもの恋ヨーグルトサラダ 甘〜いサラダです（P111にレシピあり）。

●梨のカレー 梨は具として入れるといいです。甘いカブや大根みたいな感じになります。あまり火にかけすぎると溶けてなくなりますが、それでも美味しいです。

葡萄 ぶどう

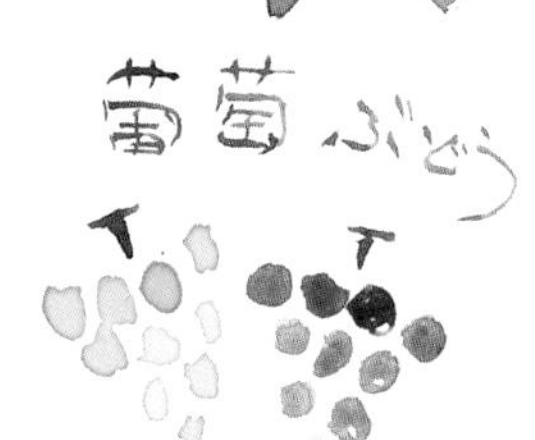

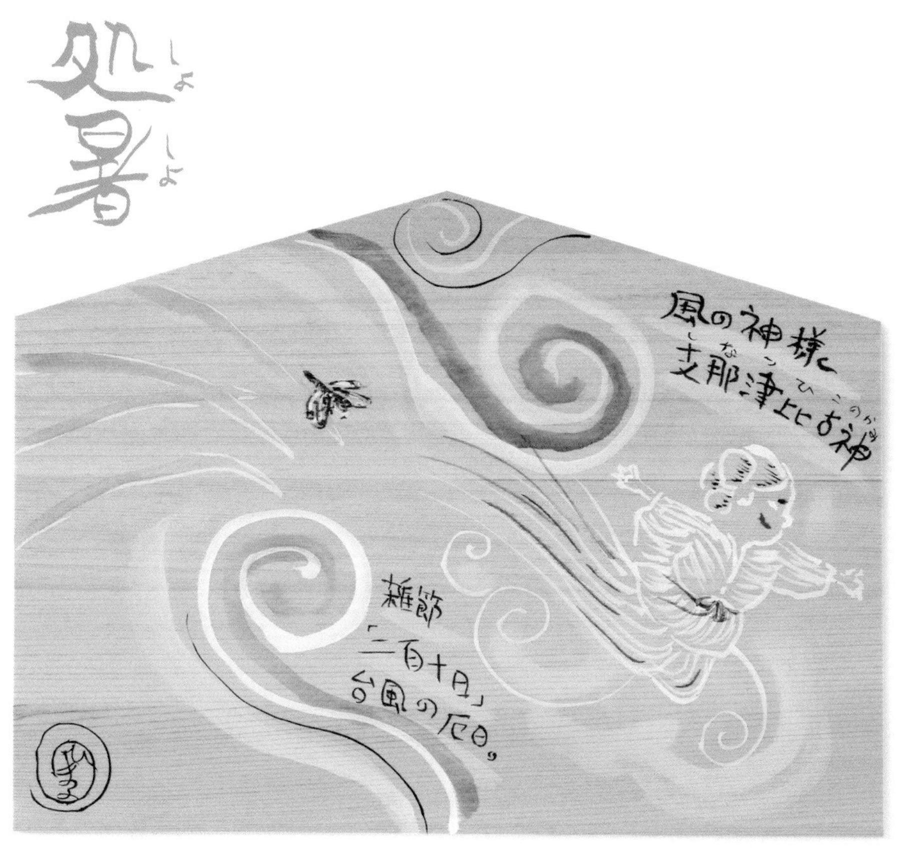

処暑とは（8月23日～9月7日頃）

厳しい暑さから、朝夕は過ごしやすくなってくる頃です。虫の声も聞こえ始めます。まだまだ暑い日も続きますが、気がつくと少しだけ次の季節の気配が見えてくる頃です。穀物の花や実が育ち始めますが、台風も多く、油断ができません。

長月(ながつき) ~9月の口福~

どんな月? 長月

旧暦9月の和風月名です。夜が長くなってきていることから「夜長月(よながづき)」とも。新暦の「重陽(ちょうよう)の節句」や秋分の日など、大きな年中行事、暦の切り替えのある月です。暑さから寒さへのスイッチが入り、空も少しずつ、高くなっていきます。

9月の暦と開運話

9月9日の重陽の節句は、5つある節句(1/7人日(じんじつ)、3/3上巳、5/5端午、7/7七夕、9/9重陽)の中でも、縁起の良い陽数の最大値である「9」が重なったもので、古来の中国ではとても強い厄除けの力があると考えられてきました。この日を大切に過ごすことで、無病息災や長寿を願い、翌年に向けて自身や家族への厄除けとなるので、ぜひ、しっかりと行事として行ってみてください。

そして、23日頃には「秋分」があります。春分と同様、秋分は昼間の時間と夜の時間が半々になる日で、これ以降、夜が長くなり、陰の力が強くなっていきます。秋のお彼岸もこの時期で、あの世とこの世がつながりやすくなります。さらに「中秋の名月」もあり、お月様の力を借りて金運や開運を願う月です。

9月に食べるといいもの

秋刀魚…不飽和脂肪酸が血液の流れを良くし、脳梗塞や心筋梗塞などを予防する。初物の秋刀魚は縁起が良いといわれている。塩焼きにすだちが美味。

栗…重陽の節句では栗ごはんが行事食。「勝ち栗」は勝負運がアップし、「栗きんとん」はその見た目から金運がアップする御節のひとつ。ビタミンB1やタンニンなど栄養豊富。

松茸…高級食材として有名だけに、テンションを上げてくれる。その香り成分「マツタケオール」「桂皮酸メチル」が食欲を増進する。

しめじ…「香り松茸味しめじ」という言葉がある通り、料理に重宝される。京都丹波の「大黒本しめじ」は七福神のだいこく様の姿に似ているといわれ、縁起もの野菜。

こんなふうに食べると幸せ2倍

●栗としめじの開運炒め

栗は鬼皮の皮むきが大変ですが、水に1時間から半日程度さらし、一晩冷凍してから熱湯につけるとむきやすくなります。圧力鍋がある方は、とんがった頭に十字に切り込みを入れて、水を入れた圧力鍋で3分ほどゆでると皮がむきやすいです。しめじと一緒に炒め、味付けは塩味だけで美味しいです。豊穣の秋の味覚で金運が上がること間違いなしです。

●秋刀魚の和風チャーハン

焼いた秋刀魚の身をほぐしておきます。油でごはんと大根の葉を炒めたら、秋刀魚を投入して、塩・コショウ。食べる前にすだちを絞って。初ものパワーで大きな一歩を踏み出せますよ。

15/24

白露

開運ポイント

重陽の節句

菊の節句

菊の節句ともいわれ、菊を使った行事食の多い「重陽の節句」、新暦での重陽の節句は、まだ残暑が厳しい時期です。旧暦にやるという手もありますが、9月9日の「数字の開運力」を受けたい場合は、やはりカレンダーに沿って。でも、困ったことに、最近ではスーパーなどにもまだ食用の菊が置いてないことも多いのです。その場合は、干し菊（昨年作った菊を乾燥させたもの）を取り寄せたり、他の食材で色や形を菊に見立てたものを使いましょう。代替的なものでもちゃんと天に気持ちが届きますよ。ちなみに、作物の収穫時期なので「栗の節句」としても庶民の間で大切にされました。

菊酒…蒸した菊の花に冷酒を注ぎ、一晩置いて香りを移す。生の食用菊を散らした盃に冷酒を注ぐのが主流。

菊の着せ綿…重陽の節句の前日、菊の花に真綿をかぶせ、綿に菊の香りと露を染み込ませ、当日朝に菊の香りと露を含んだ真綿で全身を拭き、無病息災を祈る。

栗ごはん…鬼皮と渋皮をむいて、米と塩だけのシンプルな炊き込みごはんですが、とても美味しい。むくのが面倒な時は、瓶詰めにされているものを使っても。2割ほどもち米を入れるともっちり感がたまらない。

菊湯・菊枕…重陽の節句の日に、菊をお風呂に浮かべ、「菊湯」に入り、乾燥した菊の花びらをしいて「菊枕」で眠ることで邪気を祓った。

旬の食材

［秋刀魚、しめじ、栗、舞茸、菊の花］

●重陽の節句！ 菊のフリした錦糸卵とたくあんの酢の物（P112にレシピあり）。

白露（はくろ）

白露とは（9月8日～9月22日頃）

夜が涼しくなり、朝の草木に露がつき始める頃です。夜の虫の声も大きくなり、春先にやってきたツバメたちは暖かい南に帰っていきます。

秋分

開運ポイント

彼岸

秋分の時期は、真西に沈む太陽の影響で、彼岸(あの世)と此岸(この世)が近くなる時期です。秋分の日は「彼岸の中日」といわれていて、この日をはさんで7日間が秋のお彼岸となります。初日は「彼岸入り」、最終日は「彼岸明け」といいます。この期間はご先祖様と近くなるため、お墓参りやお仏壇の掃除などをしたりします。ご先祖様に感謝をして、敬う時期でもあります。
お彼岸には精進料理。一部の仏教では、殺生を嫌い、植物性の物だけで食事を摂ります。精進揚げとは野菜の天ぷらのことをいいます。

おはぎ…おはぎに使われている小豆の赤は、邪気を払うといわれています。そして、昔は高価で手に入りにくかった砂糖を使うことで、ご先祖様に贅沢を味わってもらいたい、という意味があったようです。

里芋の煮っころがし…里芋は子孫繁栄を意味し、その家が代々無事につながっていくよう家族で祈りました。人生が広がる運がもらえます。

なすの揚げ浸し…「一富士二鷹三茄子」というくらい、縁起が良いもの。なすは、扇形に末広がりな形に切るとさらに縁起が良いです。

旬の食材

[松茸、秋鮭、秋鯖、椎茸]

●きのこの納豆サラダ きのこをレンチンし、冷めたら、納豆、ポン酢・オリーブオイル・黒コショウ・すりおろしにんにくと混ぜます。レタスをしいた皿にのせて。
●鯖の強運なトマトスープグラタン 鯖の水煮缶を使用
(P113にレシピあり)。

秋分とは（9月23日～10月7日頃）

昼と夜が半分半分、太陽が真東から昇り、真西に沈んでいきます。これが「秋分の日」で、春分と似ていますが、春分と反対に、秋分は陰の気が強くなっていきます。つまり、夜が長くなっていくのです。そして秋のお彼岸の時期でもあります。

神無月（かんなづき）~10月の口福~

どんな月？ 神無月

旧暦10月の和風月名で、神様が翌年の縁結びについての会議のために、全国から出雲に集まる月で、神様が留守でいなくなるのでこの呼び名となりました。神様には分御霊（分身のような神様）がいらっしゃるので、その間も土地は守られています。逆に出雲では「神在月（かみありづき）」といいます。この会議が終わると、神様たちは直会（なおらい）という宴会を、出雲の万九千神社で楽しみ、「神等去出祭（からさでさい）」で、神職から国に帰るよう促され、また来年もよろしくと、お帰りになるのです。新暦では11月から12月の寒い時期です。

10月の暦と開運話

新暦で10月といえば、10月17日の伊勢神宮での「神嘗祭（かんなめさい）」がとても大きく、日本の原点的なお祭りです。この祭りを意識することで、11月23日の「新嘗祭（にいなめさい）」の意味もわかりやすくなります。神嘗祭は天照大御神に新穀を献上し、お祀りします。新嘗祭はすべての神様に五穀豊穣を感謝し、天皇陛下が神様と共に新米を召し上がる祭祀です。神嘗祭と新嘗祭、それぞれの意味を理解した上で、その年の新米をいただくことも、開運には大切です。

10月に食べるといいもの

柿…「嘉喜」「嘉来」と書いてめでたく、金運にも良く、庭に植えるのも良いと言われる。

銀杏(ぎんなん)…とても強い気で不老長寿の意味合いもあり、葉の色や実のイメージから金運アップも意味する。

柘榴(ざくろ)…スーパーフードといわれる柘榴。仏教で「吉祥果」といわれ、沢山の実をつけることから、子孫繁栄の意味も。美肌を保つ栄養素もいっぱい。

生姜(しょうが)…加熱することで、ショウガオールという成分が体を温める。強い魔除けにもなる。

こんなふうに食べると幸せ2倍

●柿とクリームチーズのカナッペ

柿はオードブル向きです。クリームチーズが合うけれど、他のチーズとの相性も良いので、カナッペに色々乗せてみて。最後に黒コショウをかけると大人味になり、ワインにも合いますよ。柿は日本らしい縁起物果物。秋を感じましょう。

●ポカポカ生姜スープ

生姜は火を入れることで、体が温まる成分が出てきます。寒暖差の激しい時期に体をポカポカにさせましょう。顆粒のコンソメに好きな具材を入れて煮込み、そこに生姜の千切りを入れるだけ！　温まりますよ。

●焼き銀杏のトースト

銀杏はレンチンで火を通しておきます。食パンにとけるチーズをのせ、銀杏を数個置いてトースト。塩・コショウを適宜。ほくほく金運アップ！

開運ポイント

お弁当箱の色！

風水などでは色でも運が変わるといわれています。では何色にすればどんな運が上がるの？

◆開運成功運…赤
◆仕事運…青
◆金運…黄色
◆恋愛運…ピンク
◆人間関係運…オレンジ
◆厄除け…白

お弁当

お弁当の中身！

◆開運成功運…エビフライ、とんかつ、豚の角煮
◆仕事運…海苔、黒豆、なすの味噌煮、牛肉炒め
◆金運…カボチャの煮物、玉子焼き、鶏のオレンジ炒め
◆恋愛運…でんぶ、大根の煮付け、桃の缶詰
◆人間関係運…ゆで卵、ミニトマト、キャロットラペ
◆厄除け…おにぎり、梅干し、お稲荷さん

十三夜

十三夜は旧暦の9月13日の月をいい、新暦では10月下旬頃です。十三夜は十五夜の次に美しい月といわれ、どちらか一方の月しか見ないことを「片見月」と言ってあまり良くないとされます。十五夜は芋の季節から「芋名月」、十三夜は栗や豆の収穫時期であることから「栗名月」「豆名月」ともいわれます。

月見団子…地方によってあんこを入れたり、串に刺したり、違いがありますが、数は15個というのが一番多いイメージです。略して5個にしたり、12個だったりも。金運アップに！（P115 にレシピあり）

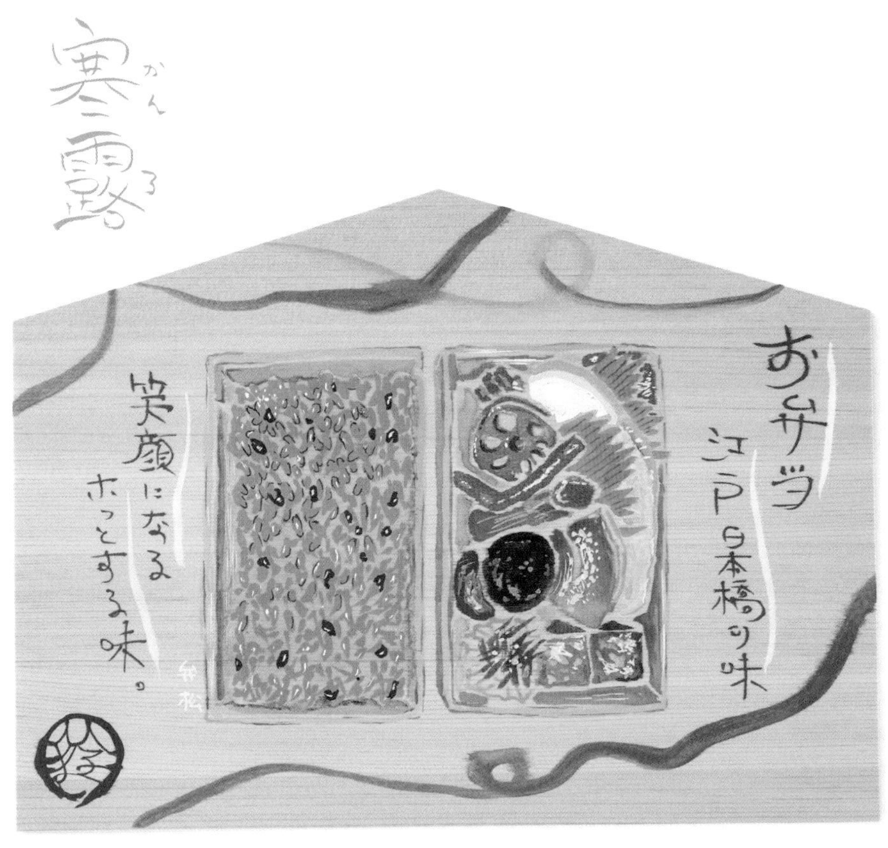

寒露とは（10月8日～10月23日頃）

露が冷えて、夜が長く感じられます。この頃には朝晩が涼しく感じますが、空気も澄んで、月がとても綺麗に見える時期になります。秋晴れが多くて過ごしやすい季節、実りもいっぱいです。そして運動会といえば、やはりお弁当を思い出すものです。ここではお弁当で開運する方法を伝授しますね。

開運ポイント

ハロウィン

もともとは仮装パーティーではありません。数千年前の、アイルランドの古代ケルト人のお祭りが起源といわれ、宗教的な意味のある行事です。家族や友達と厳かに楽しみましょう。ハロウィンといえば、カボチャのデザートなどが思い浮かびますが、本場アイルランドでは食べません。実はカボチャに変化したのはアメリカ。当初はカブをアイルランドではランタンとして使っていましたが、カブがないアメリカではカボチャが広まったそうです。ちなみにアイルランドでは、じゃがいもなどをマッシュポテトなどにして行事食として食べます。りんご飴のようなデザートもあるとか。アメリカでは、パンプキンパイやマカロニチーズなどを食べるそうです。

旬の食材

［柿、生姜、牡蠣、落花生、鮭］

●カボチャのお化けカレー（P114にレシピあり）

●落花生とボクスティ アイルランドの郷土料理です。ゆでたじゃがいもをマッシャーでつぶし、小麦粉・卵・塩少々を入れて、バターで焼くパンケーキ。落花生を細かくしたものと蜂蜜をかけたらデザートにも。

●ひまる風 コルカノン アイルランド風ポテトサラダ。マッシュポテトにバター・牛乳、あれば生クリームを混ぜます。ベーコンと角切りキャベツを塩・コショウで炒め、全てを混ぜ合わせて中央にくぼみを作ってバターを置きます。

霜降とは（10月24日～11月7日頃）

「しもふり」ではなく「そうこう」と読みます。この頃になると、朝晩の寒さが強くなり、山里では霜が降りる頃です。露から霜へと変わり、これからの寒さを物語るスタートです。この時期に関東の鷲（おおとり）神社などで執り行われる酉の市。商売繁盛を祈って、熊手を手に入れます。これは関西ではあまりなく、似たものに「十日戎（とおかえびす）」という年始のお祭りがあります。

コラム おむすびとおにぎりの話

おいしく炊けたごはんを、ぎゅっぎゅっと三角や丸や俵形に固めて中に好きな具を入れて、海苔を巻く。日本昔話にも出てくるこの食べ物は日本の伝統食です。その呼び名は「おむすび」だったり「おにぎり」だったり。「にぎりめし」なんていう事もありますね。さて、どうしてこんなにいくつも呼び名があるのでしょうか。関東や関西、東北、九州と地方によって偏りがあったりしますが、全国的にどの呼び名も聞けば分かると思います。説は色々ありますが、その中でいくつかご紹介します。

まず、「おむすび」。漢字で書くと「御結び」となります。これは古事記での農業の神である、「高御産巣日神（たかみむすびのかみ）」という神様が「むすびの神」とされていることに由来します。高御産巣日神は稲に宿り、全てを「産み出す」意味のある神様なのです。

「おにぎり」は握ることから、「鬼切り」といって、鬼を切るのは縁起が良いことというので この名がつけられた説があります。鬼におにぎりを投げつけて退治したとか。

「握り飯」も、古事記に「握飯（にごりいい）」という言葉が出てきて、ごはんを「握るごはん」ということから、この名がつけられたという説があります。

言葉が分かれて生まれた背景に、武士、農民など庶民から出てきた「おにぎり」、貴族などの高貴な文化から出てきた「おむすび」という説があります。不思議なもので、言い方は違うけれども、同じ握って結んだごはんを食べるのは、身分に関係なかったことが日本の面白さだと思います。庶民から出た言葉だったせいか、「おにぎり」の方が多く表現される言い方のようです。

さて、こんな歴史を踏まえて、今では世界で愛されるこの食べ物。最近は握らないおにぎり、「おにぎらず」なんてあるのも面白いですね。中身に色々入れていただくのはとても美味しく楽しいものです。鮭や梅干し、おかか、昆布、いくらやたらこ、ツナマヨ。どれを入れても美味しい。ちなみに私は梅干しは欠かせないのと、子供の時に味噌を塗ったものをお友達のお家のランチで出されて感動して以来、大好きです。

ふゆ

すべての命、大地さえ息を潜めて力を蓄える季節。凍えるような寒さを通して、生きるための辛抱を教えてくれるのです。深々と静かな季節の中に、家族や恋人、友人と楽しむたくさんの行事があるのが冬という季節です。そしてまた次の春へバトンを渡します。

霜月（しもつき） ~11月の口福~

どんな月？ 霜月

霜が降りる月ということで、この和風月名がついた説が濃厚ですが、とても大切な行事の「新嘗祭（にいなめさい）」があることから、「食物月（おしものつき）」が略されたという説などもあります。紅葉狩りなどをするのもこの季節です。春から始まった稲作の終焉はまさにこの霜月の「新嘗祭」にあり、ここを区切りに、また少しばかり休んで、新しい春へとバトンタッチをしていきます。ここは豊穣祭として楽しみましょう。この繰り返しで一年が巡り、私たちは季節ごとの美味しいものをいただけるのです。

11月の暦と開運話

一年を通しての大きな行事として、「新嘗祭」がある月です。今では「勤労感謝の日」になっていますが、稲がたわわに実り、それを感謝する、いわば、収穫祭・感謝祭の意味に近いです。秋の実りを実際に感じる月なのです。そろそろ翌年の準備をしていくことが大切になってきます。今年の実りを見返して、来年の目標をまとめていく大切な時期でもあります。

11月に食べるといいもの

蟹…蟹は夢占いなどで幸せの象徴、見るだけでも運が上がる。蟹味噌は成功運アップ！

白菜…冬のお鍋の裏の主役。中国では白菜は百財と同じ発音で、一枚一枚に財運の意味が。

林檎…欧州では「幸せの象徴」。体に良い効果がつまった果物で「医者いらず」といわれる。

みかん…ビタミンCが豊富で、若々しく元気になる。お正月の鏡餅にのせる「橙」は、落下せず木に数年とどまることから「代々＝だいたい＝橙」になったとか。

こんなふうに食べると幸せ2倍

●丸ごと林檎のハンバーグ

林檎を半分に切り、中身をくりぬき、中にハンバーグのタネを入れてオーブンで焼きます。くりぬいた林檎は、細かくして、ソースとケチャップと一緒に火にかけ、ソースに。

●カニカマで蟹ご飯

本物の蟹は高すぎて手に入りにくい時は、カニカマで代用しましょう。カニカマは厳密には蟹ではありませんが、旬や伝統も重んじる気持ちが大切だと思います。全てを伝統で凝り固めてしまうと人は萎縮します。臨機応変なのが日本のいいところです。楽しく「それっぽい」ことを楽しみましょう。

19/24

立冬

開運ポイント

ボジョレーヌーボー

フランスのブルゴーニュ南部の丘陵地帯・ボジョレーで生産されるヌーボー仕様のその年出来たての赤ワインのことをいいます。ブドウの品種は「ガメイ」を使用します。11月の第3木曜日が世界的に解禁の日なのですが、時差の関係で日本が一番早く解禁できるんですね。

ボジョレーヌーボーは、9月に仕込んで11月には解禁日を迎えます。だから、とってもフルーティで若いワインなんです。

亥の子餅(いのこもち)…「亥の子の日」は猪が多産であることから、子孫繁栄、無病息災にいいとされ、亥の子餅、または亥猪という名の餅をいただきます。この風習は、「亥の月、亥の日、亥の刻に餅を食べれば無病息災である」と古代の中国で言われていました。新米に大豆・小豆・ささげ・ごま・栗・柿・糖(あめ)の7種の粉を混ぜた餅で、亥の子(うりぼう)に見立てて作っていたそうです。

旬の食材

[蟹、白菜、山芋、林檎]

- 林檎とチーズの甘じょっぱい恋のサラダ(P116にレシピあり)
- 関係良好包んでロール白菜ミルク味(P117にレシピあり)
- 山芋の海苔巻き焼き お餅のかわりに山芋や長芋で。

ヌーボーと相性抜群!

立冬とは（11月8日～11月21日頃）

そろそろ冬が始まります。木枯らしが吹き、紅葉が散っていきます。山などでは初雪の便りも届く頃です。冬の寒さにとても頼りになる「こたつ」。こたつ開きもこの頃です。新暦11月上旬にあたる「亥の子の日」にこたつを出すと、火事が起きないといいます。亥は陰陽五行説では水を意味したためだそうです。

20/24 小雪

開運ポイント

新嘗祭

勤労感謝の日として祝日に制定されていますが、この日は昔から日本ではとても大切なお祭りがされていました。「新嘗祭」は、収穫祭や感謝祭と似たような意味がありますが、日本独特の祈りの日となります。稲が無事に収穫されたことは、自然界の八百万の神様のお陰様ということで、全国の神社で、この日、すべての神々に無事に新穀を収穫したことを報告し、豊穣の御礼とし新穀を捧げ、お祀りとしてご報告がされるのです。本来は宮中の祭祀で、天皇陛下がお育てになられた新穀を、宮中で神々にお供えし、陛下ご自身も、この日初めて新米を召し上がります。

新米を炊くときの注意

◆新米はあまり洗い過ぎない

◆水分量が多いので、気持ち水を少なめにする

◆2時間くらい水につけておくとふっくらとする

◆最初の水は浸透するので、おいしい水にすると良い（洗いなどは水道水でも）

おいしい食べ方

■土鍋で炊く

■無水鍋（ストウブ、ル・クルーゼ）で炊く

■御櫃（おひつ）に入れる

■湯気を出すようによく混ぜる

■余ったものは塩握りにするといい

［レンコン、クワイ、みかん、鯛］

●レンコンのパキパキ肉団子　レンコン入り肉団子で食感UP!

●鶏肉ソテーみかんソース　いつものソースにみかん汁をプラス。

小雪とは（11月22日～12月6日頃）

雪が舞い散る頃。まだまだ大雪とはなりませんが、ちらちらと雪が降る時期です。山に当たった強風による細雨や降ったり止んだりの時雨(しぐれ)なども降り、夜も早い時間に暗くなっていきます。

師走(しわす) ~12月の口福~

どんな月? 師走

旧暦12月の和風月名で、師僧が経をあげるのに忙しい時期であちこち走り回ることや、四季の果てる月だからなど、いろんな由来がありますが、とにかく年の瀬で忙しい月となることを意味しています。寒さも本格的になってくるこの月は気忙(きぜわ)しいけれど楽しいイベントごともたくさんです。

柚子

12月の暦と開運話

大掃除、お正月の準備、冬至、大晦日など、運のデトックスをすることの多い時期といえます。これをすることで、来る年がまたいい年になるように準備することができるのです。10月20日あたりからの3か月に次の年の準備をした方がいいといわれますが、その最終調整が12月の役割と言えるでしょう。この時期は寒さも本格的になり風邪も引きやすくなりますから、食事でも栄養をとるよう心がけましょう。そして大切なのは、手洗い、うがい、乾燥しないようにすること。体は資本ですから忙しさにかまけて気を緩めないようにしましょう。

12月に食べるといいもの

大根…多くの酵素が含まれ、分解・消化に良く、昔から薬的な役割が。二股の大根も縁起が良い。大根のおろし金も「薬味おろし」から「厄落とし」に転じたとか。

鱈(たら)…「多良」でたくさん良いことが起こる。たらふく食べるなど縁起かつぎに良い魚。高たんぱく低カロリーでダイエットにも。

柚子…柚子の香りは邪気を清める。柑橘類は太陽の力が小さい時期に太陽の代わりになるといわれている。

ほうれん草…鉄分をはじめ、カロテン、ビタミンB1、B2、Cなど栄養素が多い。仕事運に良い。

こんなふうに食べると幸せ2倍

●大根梅おろし鱈すき

大根をおろして水気を絞り、たたいた梅と合わせ、ポン酢を少し入れます。鱈は昆布だしで湯通しして(残り出汁はお吸い物に)、大根梅おろしをかけます。大根と梅の組み合わせは断食後の復食である「梅流し」にも使われていて、デトックス作用が高いです。

●ほうれん草と豚肉の柚子炒め

豚肉はこま肉でもバラ肉でもOK、炒めてしっかり火を通し、みりんを入れます。ほうれん草を加え、そこに柚子の絞り汁と醤油を入れて加熱し、火を止めたら細切りにした柚子の皮を入れます。ほうれん草と豚肉のパワーで仕事運アップ。

大根

ほうれん草

21/24

大雪

開運ポイント

正月事始め

もともとは旧暦の12月8日に、お正月の準備のために、すす払いや、御節(おせち)を作るための薪を山へ取りに行くなどしていました(＝松迎え)。江戸時代になって、「鬼宿日(きしゅくび)」の12月13日が、鬼がこもって出歩かないので縁起が良いと、正月事始めをするようになったそうです。正月事始めを仕切る人を「年男」といい、家長や長男などが担当していました。

お正月飾りなどはこの日にという感じでしたが、今の時代はもっと遅くに整える人もいるかもしれません、その場合、この日は神棚など、どこか少しだけ正月の準備をスタートさせ、あまり飾るのに良くない12月29日(や31日の一夜飾り)などを避けて掃除し、準備を終えると良いでしょう。今では年男の役割はお母さんのところが多いのも時代の流れですね。

今は、夫婦ともに外に働いていたりもするので、すべての御節料理を家で作るのは大変です。そういう時は迷わずにスーパーなどで売っているお惣菜を使ってみましょう。しかし、わりと簡単にできる伊達巻、紅白なます、お煮しめ、栗きんとんなどは、家で準備してみると良いと思います。

旬の食材

［大根、鱈、胡桃(くるみ)］

●ひまる式 伊達巻 バターを入れて、かなり甘めでお菓子ふうに(P119にレシピあり)。

大雪とは（12月7日～12月21日頃）

山にも平野にも雪が本格的に降り積もります。寒さにコートなども厚くなっていきます。お鍋など温かなものが美味しく感じられ、お正月に向かって本格的に動き出す時期です。

22/24

冬至

開運ポイント

「ん」のつく食べ物

いろはにほへとで「ん」という文字が最後に来ることから、新しく始まることを意味し、食べると縁起がいいです。〈例〉カボチャ(なんきん)、銀杏(ぎんなん)、大根(だいこん)

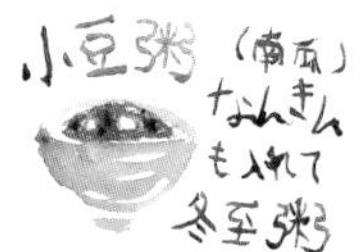

小豆粥…古くから厄除けに食された小豆。赤い色が悪いものを払うといわれています。塩味の小豆粥でもいいし、甘い小豆でも。赤飯が好きな方は赤飯でも。

柚子湯…体を温める柚子湯は健康運アップにとてもいいです。しっかり入って邪気を落としましょう。

クリスマス…キリストの誕生を祝う日ですが、日本では宗教関係なく、家族や恋人、友達と楽しむ特別な日となりました。この日に食べたいものは、クリスマスケーキ、鶏肉、サラダ、グラタンなど。

大晦日とお正月

大晦日はその年の大祓いをする日。細く長い麺に縁起をかつぎ、長寿を祈って年越しそばを食べる家も多いと思いますが、我が家では父の代からお寿司もいただきます。北海道紋別市生まれの父が握り寿司を作ってくれていました。北海道では握り寿司が大晦日に一番売れるそうです。
元旦には、年神様をお迎えして振る舞うつもりで御節料理や雑煮を準備しましょう。雑煮は土地ごとに具材や餅の形が変わります。赤味噌、白味噌、すまし汁のところも。故郷の味を思い出しながら食べるといいですね。

旬の食材

［鰤、柚子、ほうれん草、ねぎ、小豆］

- ほうれん草と豆腐の低糖質グラタン 豆腐で冬太り対策。
- 冬至！ 小豆とカボチャの甘ーいミルク粥 (P118にレシピあり)

冬至とは（12月22日〜1月5日頃）

一年で一番昼が短く夜が長い冬至。ここから陰が陽に転じ、「一陽来復」。万物がよみがえり始めます。体の厄を落として、これから夏至に向かって陽転していくのです。カボチャを食べること、柚子湯に入ること。昔の人の知恵で健康が守られます。

睦月（むつき） ~1月の口福~

どんな月？ 睦月

旧暦1月の和風月名で、一年の始まりの正月がある月です。「睦」は家族親戚知人が仲睦まじく集まる意味があり「睦まじい月」が由来といわれています。稲を水に初めてつける月であることから「実月（むつき）」とする説などもあるようです。また、1月の松の内を「正月」と呼びますが、これには「正しく改める」という意味合いがあります。もともとは中国などで、政治を大切にする月として「政月」と書き、「せい」と呼んでいたようです。きちんと背筋を整えて、正しく生きることの大切さを今一度思い出す月にしてみませんか。

1月の暦と開運話

1月は、カレンダーでは最初、暦としては最後の月という、なんとも特徴的な立ち位置です。とてもめでたい月であり、お正月に関わる行事(鏡開き、どんど焼など)の他にも、「人日（じんじつ）の節句」(七草の節句)、成人式など、大切な行事があるので、この一年を過ごすためにも気を引き締めて行事を行いましょう。大晦日からお正月には神社仏閣で正月詣りをして、家でも心を込めて、年神様を迎え入れてください。お餅などもしっかり食べて、運気を上げましょう。

1月に食べるといいもの

カブ…蕪（かぶら、かぶ）、は昔「頭」のことを指した。「株があがる」という言葉とかけて縁起が良く、出世運を意味する。

芹…カロテンなど栄養豊富で、昔から薬的な役割も。「競り勝つ」ということで、勝負運が上がる。根も美味しい。春の七草のひとつ。

ごぼう…食物繊維が多く、便秘解消やダイエットにも良い。葉酸などで血流サラサラに。ごぼう茶もおすすめ。関西のお節の「たたきごぼう」は煮たごぼうを延べ棒でたたき縁起を担ぐ。ごぼうは根がしっかり伸びてその土地に着くので、家内安全の意味もある。

ふぐ…「ふく」といわれて福に通じ、縁起が良い。ふっくらとしたその姿も福々しい。ビタミンDが多く、コラーゲンなど美容にも良い。

金柑…「金冠」にも通じ、金運、富に結びつくとされている。たくさん実をつけることから子孫繁栄の意味も。ビタミンCが豊富で、果物としては珍しくカルシウムも。

こんなふうに食べると幸せ2倍

●競り上がって株あがれ～～なカブと芹の鍋

運のいいお鍋で食べ過ぎた胃腸を整えましょう（P120にレシピあり）。

●ごぼうと大根のダイエットグラタン

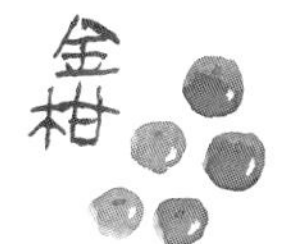

ごぼうのきんぴらが余ったらお試しを！大根は薄切りにして重ね、その上にごぼうのきんぴらを。絹ごし豆腐をつぶして混ぜて、マヨネーズ・味噌・塩・コショウを各少々。とけるチーズをのせて、オーブンかトーストで色がつくまで焼きます。ごぼうと大根で美容運が高まります。

23/24

小寒

開運ポイント

人日の節句

その昔、中国では、元旦から6日まで、それぞれ動物をあてはめて占い、大切にしていました。1月1日は鶏、2日は狗(犬)、3日は羊、4日は猪(または豚)、5日は牛、6日は馬。そして1月7日は人で、人間を大切にする「人日」となりました。その後平安時代に日本にも伝わり、江戸時代に人日の節句として庶民にも広がったのです。

七草粥…中国で人日に七草のお吸い物を食べていたことと、日本にも昔から、年始めに若草を摘んで、その力をいただく「若草摘み」という風習があったこと。そのふたつが混ざって、七草粥が食べられるようになりました。

鏡開き…正月の間、年神様が鏡餅に依代(よりしろ)として宿り、松の内(7日まで)が終わって、年神様を送り、ひと区切りとして、木槌などで鏡開きをして、年神様のお力もお分けいただきます。そして一年の無病息災を祈ります。1月11日が多いですが、松の内を15日とする地域では15日または20日に行う場合も。ちなみに、お祝いに日本酒の樽を割るのも鏡開きといいます。

ガレット・デ・ロワ…フランスの伝統のパイ、「王様のガレット」という意味です。キリスト教における「公現祭(エピファニー)」を祝うために1月6日に家族などでいただきます。中にはフェーブという陶器が入っていて、切り分けて、これに当たった人は皆に祝福されます。

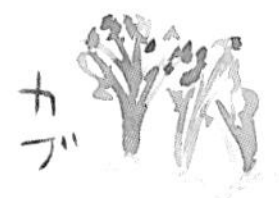

- カブの甘酢漬け ささっと作れる一品!
- 小松菜の炊き込みごはん 彩り、栄養UP!

小寒とは（1月6日～1月19日頃）

「寒の入り」といい、一年で一番寒さが強くなってくる時期です。寒の入りから節分までの約30日間を「寒の内」といいます。暦が一年まわって、また春が近くなるのです。

24/24

大寒

開運ポイント

大寒卵

1月20日(大寒始め)に生まれた鶏の卵のことをいいます。この時期の卵は、栄養がたっぷりでとても美味しいものです。大寒の七十二候、最後の候で「鶏始乳」(にわとりはじめてとやにつく)とあるように、自然の流れでは、この時期から鶏は卵を産み始めます。その卵は縁起が良く、健康運に良いといいます。風水的には金運がアップするとも。

節分

一年が振り出しに戻ろうとしています。節分は立春前に悪いものを払って、暦を迎えるための大切な行事です。豆をまいて「鬼は外、福は内〜」と鬼を払いましょう(地域によっては「福は内〜鬼も内〜」というところも)。そして歳の数だけ福豆をいただき、その年の恵方に向いて、一気に恵方巻きをいただきましょう(かぶり付くのが大変という方は、小さく切って、一口でも)。けんちん汁をいただく地域もあります。

節分鰯…焼いた鰯の頭を柊の枝に刺し、玄関先に飾ります。「魔除け」の意味があります。残った鰯の体は焼いて食べてくださいね。ちなみに頭の処分は、白い紙に包んで、塩をまいて、普通ごみとして捨てて大丈夫ですよ。

けんちん汁…鎌倉建長寺の「建長汁」が発祥とも。体を温めるのに最高で、健康運アップ。

旬の食材

[鮪(まぐろ)、金柑、ごぼう、百合根、水菜]

●鮪とごぼうの甘辛煮 鮪の刺身が残ったらぜひ!

●大寒卵じゃなくても! 卵かけごはんのススメ

(P121にレシピあり)

大寒（だいかん）

大寒とは（1月20日～2月3日頃）

一年で一番寒い時期です。寒いこの季節を越えて、また春がやってきます。冬に蓄えるパワーは次の一年に大きく関わります。寒さを乗り越えて暦の春を迎えましょう。

コラム

残りモノには福がある

料理をするのが苦手、レシピの分量がないと作れないという方に、冷蔵庫などにあるもので適当にパッと美味しいものを作ってしまうテクニックなどを私なりにお伝えしたいと思います。
まず、日常のごはんを作る上で、残っている材料で、今日使わなきゃ！というもの、この野菜やお肉食べときたいなあと思うものをとりあえず出します。どの組み合わせでも、調味料とのバランスを考えることで「これは絶対合わない食い合わせ」というものは無くなる、と考えます。この考え方がまず大事なんですね。例えば、りんごとキャベツが冷蔵庫にあるとします。一般的に、この組み合わせは「おかずにはできないんじゃないか」って考えるんではないかと思うんです。
けれど、私はそうではなく、この組み合わせから、「手持ちで合う調味料」は何かを考えるわけですね。もう考えるという作業でもなくて、目に入った調味料との味の組み合わせをサクッと想像するのです。
例えば、りんごとキャベツの組み合わせで一番に思い浮かぶものはサラダです。マヨネーズであればコッテリとした感じになるし、りんごが甘みがあるから、醤油味も良さそうだ、醤油ドレッシングにしてみても。シンプルにいただきたい場合は、甘さがすでにあるから、りんごは小さめに短冊切りに切って、少しのお酢と、塩・コショウ、足りないのは油分だからオリーブオイルをかけてよく馴染むまで混ぜます。

意外とりんごはカレーなどの煮込み料理にも合うので、りんごとキャベツを水で煮込んで、そこにコンソメなどがあればコンソメを入れてさらに煮込んで塩・コショウするだけでも少し甘めのとろとろスープができたりします(牛乳がある場合はミルクスープにしても◎)。調味料の入れ具合は、味見しながらやればOK、絶対何グラム! とか、ケーキなどのスイーツ関連以外は複雑に考えなくて大丈夫です!

こうして、残っている素材そのものの味の特性と、調味料の組み合わせを、今まで生きてきた中での、舌が覚えている経験から組み合わせると、冷蔵庫の中のものを無駄にすることがなくなりますよ。

目分量でOK!

ひまるの \ズボラ/ 口福レシピ

本来面倒くさがり屋でズボラ（笑）でもある私が、旬を感じるためにサクッと作っているレシピをご紹介。目分量で味見しながら、家にある食材でアレンジして作ってみてください。

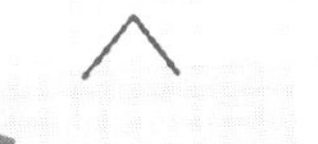

2月・如月	節分！“鰯の頭も信心から”寿司 春キャベツの丸～くおさめる煮
3月・弥生	ひなまつり！ まるまる雛ちらしケーキ 春野菜のしあわせ～な高原サンド
4月・卯月	新たまの黄金とろろんカレー 焼きアスパラの味噌うま
5月・皐月	端午の節句！ 勝つ男の立身出世ちまき風 ひまる式 幸運のキャロットラペ
6月・水無月	梅で厄払いなイカ煮込み 梅干し&簡単甘酸っぱい漬物
7月・文月	七夕！ 茗荷の愛情とうにゅう！ 素麺 なすの嬉しくてとろけちゃう丼
8月・葉月	不老不死の桃とハムパスタ さつまいもの恋ヨーグルトサラダ
9月・長月	重陽の節句！ 菊のフリした錦糸卵とたくあんの酢の物 鯖の強運なトマトスープグラタン
10月・神無月	ハロウィン！ カボチャのお化けカレー 金運アップ！ 月見団子
11月・霜月	林檎とチーズの甘じょっぱい恋のサラダ 関係良好包んでロール白菜ミルク味
12月・師走	冬至！ 小豆とカボチャの甘ーいミルク粥 ひまる式 伊達巻
1月・睦月	競り上がって株あがれ～～なカブと芹の鍋 大寒卵じゃなくても！ 卵かけごはんのススメ

2月・如月

節分！“鰯の頭も信心から”寿司

材料：すべて適量

◆米
◆鰯
◆紅しょうが（or新しょうが）の甘酢漬け
◆緑の野菜（ほうれん草、キャベツ、大根の葉など、あるもので）
◆すし酢　酢＋砂糖＋塩＋酒（ごはんがべちゃべちゃにならない程度）

❶炊飯器でお米を気持ち硬めに炊きます。
❷酢、砂糖、塩、酒を鍋に入れ、なめて味を確認したら、さっと煮立たせて、すし酢を作ります。
❸ごはんが炊けて蒸らしたら、❷をバーッとかけて、30秒ほどふたをして、味をしみこませます（あまりおきすぎると酢がとんでしまうので注意）。ふたを開けて湯気をとばしながら混ぜたら、家にある一番大きなボウルか鍋に移し、広げて冷まします。
❹再度味見して、味が薄ければ砂糖を足します。
❺鰯は内臓と骨を取り（買う時にお店でお願いしても）、くさみ消しに酢で洗い、よく水気をふきとって、グリルかフライパンで焼きます。頭は節分の飾りに。
❻トッピング用の緑の野菜は、かるくゆでます。野菜としょうがは細かく切ります。
❼お皿に酢飯をよそい、ほぐした鰯と緑の野菜を上からのせて完成です。

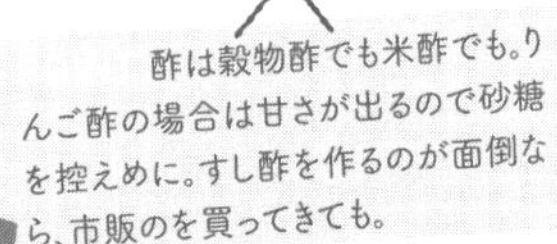

春キャベツの丸〜くおさめる煮

材料：すべて適量

- 春キャベツ
- ひき肉　豚でも鶏でも合い挽きでも（肉好きはたっぷり）
- コンソメの素・白ワイン・塩・コショウ
- オリーブオイル

作り方

❶ キャベツを家にある鍋の大きさに合わせて、2つか4つに切ります。春キャベツは芯も甘いので捨てずにそのまま。

❷ 鍋にオリーブオイルを入れて、ひき肉を炒め、白ワインでフランベします。

❸ ❷にキャベツと、キャベツが半分つかるくらいの水を加えて、コンソメの素をささっと入れます（味が薄く感じたら後から足してください）。

❹ ふたをして20分ほど煮たら、塩・コショウをして完成です。

フランベとは、調理の最後にお酒をふりかけ一気にアルコール分をとばすことで、料理の風味と香りがよくなります。

3月・弥生

ひなまつり！ まるまる雛ちらしケーキ

材料

- ◆酢飯（作り方はP98参照）
- ◆サーモンなどその日安かった刺身やカニカマなど
- ◆柴漬けなど色の華やかな漬物　数種類
- ◆きゅうり
- ◆にんじん（ゆでて）
- ◆卵
- ◆塩昆布
- ◆海苔（細かく）
- ◆桜でんぶ

桃の枝を少し飾るとかわいい

にんじんを花型にくりぬいたり。

作り方

❶卵は炒り卵にして、冷ましておきます。

❷漬物を細かめに切ります。

❸ ❷と塩昆布を、酢飯に混ぜます。

❹ ❸を直径5センチくらいに丸め、15個くらいできたら、お皿に丸く並べます。

❺きゅうり、にんじんなど飾り用の野菜を切ります。

❻ ❹の上に、彩りよく、切った野菜、サーモンやカニカマ、炒り卵、桜でんぶをのせます。

❼最後に海苔を散らせば、綺麗なちらしケーキの出来上がり！

しょっぱくなりすぎないよう、漬物の量は調節しましょう。桜大根など、甘酸っぱめの漬物も入るといいです。

春野菜のしあわせ〜な高原サンド

材料：すべて適量

- ◆パン（食パン）
- ◆春野菜　好きなものを一口大に切る（基本は生で、えぐみのあるものは塩ゆで）
- ◆ハム（サラダチキンや焼き豚でも）
- ◆マヨネーズ（バターでも可）
- ◆酢・砂糖・塩

作り方

1. 食パンの片面にマヨネーズをぬります。
2. 酢・砂糖・塩をあわせたドレッシングで、野菜をあえます。
3. サランラップの上にパンを1枚置き、ハムと野菜をたっぷりのせ、もう1枚のパンを上からのせて、ラップできっちり包みます。
4. 冷蔵庫で少し寝かせてから、半分に切れば完成！

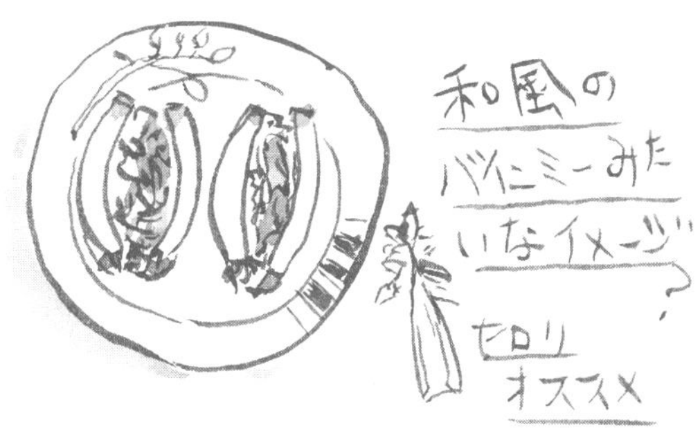

甘酢っぱい味と野菜たっぷりでバインミー風味。セロリや春菊などを入れると味のアクセントになります。

4月・卯月

新たまの黄金とろろんカレー

材料：すべて適量

◆新玉ねぎ

◆カレールー・バター・味噌

◆ごはん

◆炒め油

作り方

❶ 新玉ねぎはくし切りにして、くたっとなるまで油で炒めます。

❷ カレールーを加えて軽く煮込み、隠し味にバターと味噌を少々入れ、ごはんにかけていただきます。

新玉ねぎは甘くてとろとろで、肉なしでじゅうぶん。カレールーのかわりにコンソメを入れてスープにしても。

焼きアスパラの味噌うま

材料：すべて適量

◆アスパラガス

◆白味噌・マヨネーズ

◆黒コショウ

作り方

❶アスパラガスをグリルで焼きます（ゆでてもレンチンでも）。

❷白味噌とマヨネーズを半々くらいずつ混ぜ、黒コショウをふり、ディップを作ります。

❸❷をアスパラにつけていただきます！

アスパラのかわりに春キャベツ、にんじんでも。白味噌だと甘め、合わせ味噌だとしょっぱめな大人味でおつまみ向きに。

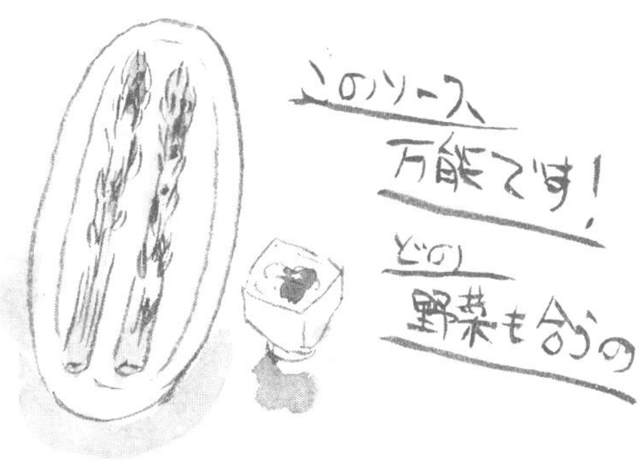

5月・皐月

端午の節句! 勝つ男の立身出世ちまき風

材料:すべて適量

- ◆鰹(刺身用)適量
- ◆干し椎茸(かるく戻す)
- ◆にんじん
- ◆枝豆(冷凍可)
- ◆もち米(普通の米+切り餅でも)
- ◆醤油・みりん・砂糖

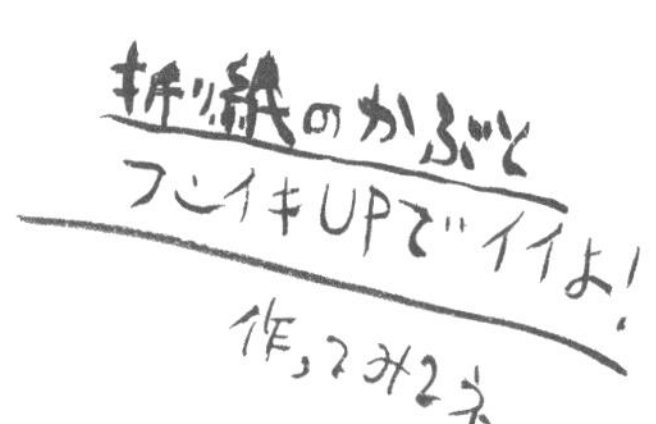

作り方

❶一口大に切った鰹、にんじん、干し椎茸をフライパンでさっと炒め、醤油・みりん・砂糖で味をつけます。

❷もち米に水(干し椎茸の戻し汁も混ぜて)と❶と枝豆(さやから出して)を入れて炊きます。

❸炊きあがった❷を一人分ずつクッキングペーパーで包み、タコ糸でしばります。赤や緑の輪ゴムでもかわいいですよ。

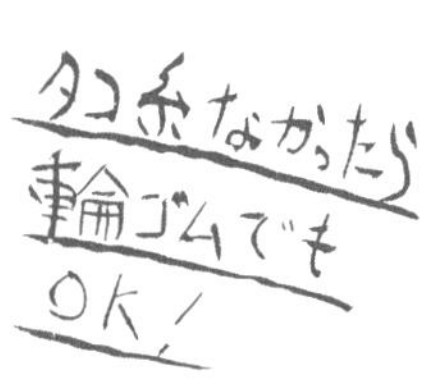

もち米がなければ、切り餅を小さく切って、普通のお米の上にのせて炊いてもOKです。

ひまる式 幸運のキャロットラペ

材料：すべて適量

◆にんじん

◆甘酸っぱい果物（キウイ、グレープフルーツや、定番の干し葡萄でも）

◆酢・砂糖・塩

◆オリーブオイル

作り方

❶にんじんは皮をむいたら、そのままピーラーで大きめの薄切りにします。

❷にんじんの青臭さが苦手な人は塩水に5分ほど浸して、しっかり水気を切ります。

❸果物類は小さめの角切りにし、干し葡萄はサッと湯通しし、15分ほどぬるま湯につけます。

❹酢・砂糖・塩・オリーブオイルであえて、少しおいたら完成。

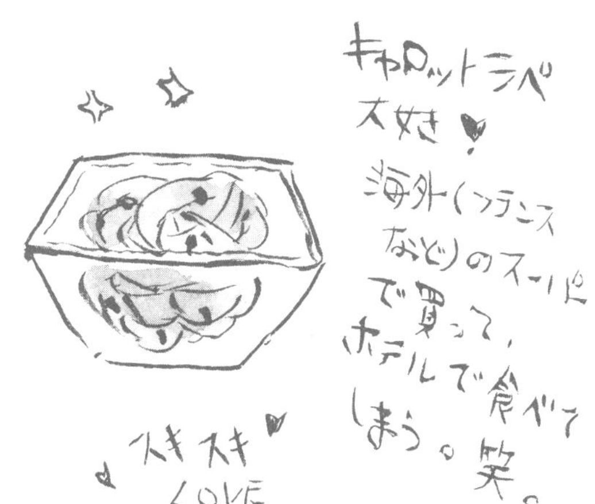

「ラペ」はフランス語で「千切り、細切り」の意味ですが、ひまる式はスライサーでざくざくと。にんじんがもりもり食べられますよ。

6月・水無月

梅で厄払いなイカ煮込み

材料：すべて適量

- ◆イカ
- ◆梅干し
- ◆醤油・砂糖・酒
- ◆炒め油

作り方

❶梅干しを包丁で叩いておきます。

❷さばいたイカを輪切りにして、油で炒め、そこに❶を入れます。

❸イカと梅がなじんできたら、酒・砂糖・醤油を加えて、ひと煮立ちしたら完成！

梅は魚介類との
相性がいいので
色々試してみて
下さい！

梅はリカバリーも
結構できるから
気軽に楽しんでネ

梅干しと魚介はよく合います。定番の"鰯の梅煮"は時間がかかるし、すぐ火が通るイカで時短アレンジ。

梅干し＆簡単甘酸っぱい漬物

材料：すべて適量

- ◆完熟梅
- ◆塩（梅の量の10％）
- ◆ホワイトリカー（キッチン用アルコール除菌スプレーでも）
- ◆酢・砂糖

茗荷合うよ！

作り方

❶ 梅を洗ってヘタを取ります。

❷ 深めの鍋など保存する容器の内側に、カビがはえないようホワイトリカーかアルコール除菌スプレーをふきかけます。

❸ 塩、梅、塩、梅と交互に入れていきます。酢・砂糖も加えます（調味料が多いとカビが生えやすいので、最初は少しひかえめに。味はあとから調整できます）。

❹ 中ぶたで梅を底面に押してからふたをして、1週間ほどおきましょう。

❺ 梅酢が出てきたら上下を返します。

❻ 梅雨明けの晴天が3日続く日に外に干しましょう。 梅酢はとっておいてカブ、茗荷などで簡単おいしい漬物にも！

おまけ **完熟梅の醤油漬け**

生の梅に、醤油をかぶさるぐらいに入れて、しばらくおいて食べるのもおいしいですよ。

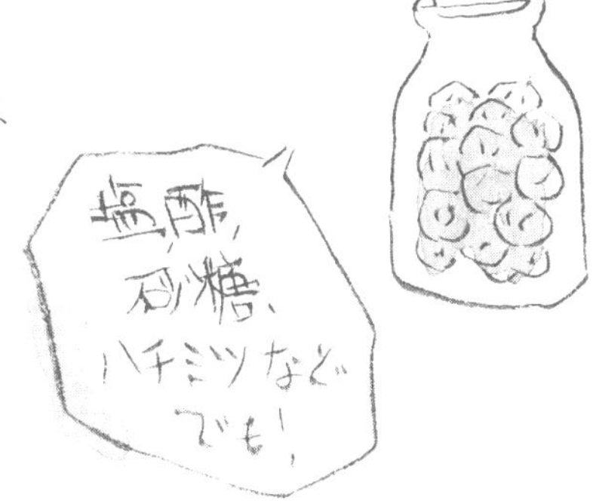

キッチン用アルコール除菌スプレーは、100％食品・食品添加物原料のものを。梅雨の時期はお弁当箱やまな板にもシュッとふれば安心です。

七夕！ 茗荷の愛情とうにゅう！ 素麺

材料：すべて適量

- ◆素麺（乾麺）
- ◆茗荷
- ◆豆乳
- ◆柚子茶
- ◆きな粉・酢・麺つゆ（少々）
- ◆ごま油（ラー油でも）

作り方

❶ 素麺をゆでて水気を切り、器に盛って、刻んだ茗荷をのせます。

❷ 豆乳・柚子茶・きな粉・酢に、麺つゆとごま油少々を加えたタレでいただきます！

豆乳＆きな粉のこっくり感と、柚子茶の甘さと香りが、やみつきに。

なすの嬉しくてとろけちゃう丼

材料：すべて適量

- ◆なす
- ◆長ねぎ（白い部分）
- ◆片栗粉
- ◆麺つゆ
- ◆ごはん
- ◆オリーブオイル
- ◆ごま油

なすと油の相性は最高！ダイエットは気にしないで旬をペロリ。

作り方

❶ なすを半分に切って、切り口に片栗粉をまぶし、たっぷりのオリーブオイルで皮面から焼き、こげ目がついたら裏返します。

❷ 仕上げにごま油で香りを立たせて、最後に麺つゆを少々回しかけます。

❸ 細切りにした長ねぎを、ごはんにちらし、❷をのせていただきます。

オリーブオイルのかわりに米油を使うと、なすが甘く感じられておいしいですよ。

8月・葉月

不老不死の桃とハムパスタ

材料：すべて適量

- ◆桃
- ◆生ハム
- ◆パスタ（1.4mmがおすすめ）
- ◆塩（パスタゆで用）
- ◆豆乳・マヨネーズ・麺つゆ

桃は古事記で「オオカムヅミ」という神様！

作り方

❶ パスタを塩でゆでる間に、桃を一口大に切ります。生ハムは手でちぎって。

❷ パスタを少し冷やしてから、ソース（豆乳・マヨネーズ・麺つゆ）とまぜて、❶をのせます。

意富加牟豆美命
おおかむづみのみこと

桃のかわりに、無花果もおすすめです。

さつまいもの恋ヨーグルトサラダ

材料：すべて適量

◆さつまいも

◆ヨーグルト（無糖）

◆ハチミツ

◆塩・コショウ

作り方

❶さつまいもは水をつけて5分くらい（大きさによります）レンチン。串がスッと通るまで加熱します。

❷あつあつに気をつけながら一口大に切り、粗熱がとれたら、ヨーグルト・ハチミツ・塩・コショウであえます。

甘いハチミツと甘いさつまいものスイートな組み合わせです。

9月・長月

重陽の節句！
菊のフリした錦糸卵とたくあんの酢の物

材料：すべて適量

- ◆卵
- ◆たくあん（黄色いもの）
- ◆酢・砂糖・醤油
- ◆炒め油

作り方

❶フライパンに油をひいて薄焼き卵を作り、細く切ります。たくあんも細切りに。

❷酢・砂糖・醤油で❶をあえます。

食用の菊の花が手に入りにくいときに、おすすめです。

鯖の強運なトマトスープグラタン

材料：すべて適量

- 鯖缶（水煮）
- 玉ねぎ
- トマト（缶）
- 塩・コショウ
- とけるチーズ
- パセリ（あれば）
- コンソメ
- 水
- 炒め油

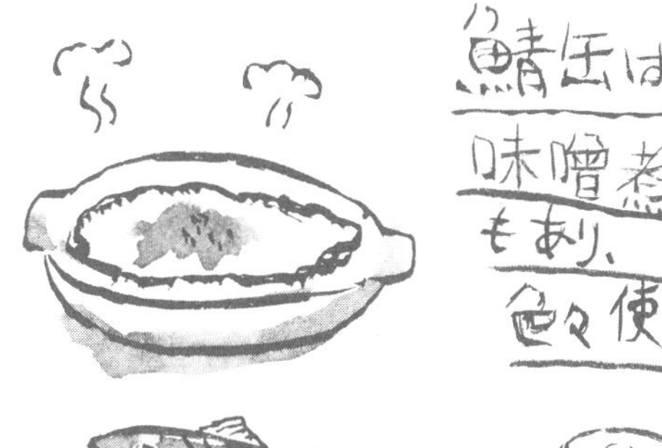

作り方

❶玉ねぎを薄切りにし、油で炒めます。

❷トマトを加え、缶を使って水を入れます

❸コンソメを入れて少し煮込んだら、鯖缶を汁ごと入れます。身はあまり崩さないように。

❹塩・コショウで味を整え、耐熱容器に移し、とけるチーズをかけます。

❺オーブンで焼き色がつくまで焼きます（チーズが溶けるまでレンチンでも可）。

❻パセリをかけて出来上がり。

スープをよそう時に、ごはんを下に敷いても、ドリアみたいで美味しいです。その場合は少し塩・コショウ強めにしてください。

10月・神無月

ハロウィン！ カボチャのお化けカレー

材料：すべて適量

- ◆ひき肉　（鶏、豚、合い挽きでも）
- ◆カボチャ
- ◆カレー粉
- ◆海苔
- ◆牛乳
- ◆ごはん
- ◆炒め油

作り方

❶カボチャは種を取りラップして5分ほどレンチン（火が通ったか串を刺して確認）後、マッシャー（麺棒や、ラップを巻いた瓶でも）でつぶします。

❷ひき肉を油で炒め、カレー粉で味をつけ、❶と牛乳を加えます。

❸ごはんがお化け、カレーをカボチャに見立ててよそい、海苔を切って表情を飾りつけます。

POINT イラストを参考に盛り付け、顔の表情をつけてみてください。

金運アップ！ 月見団子

材料：すべて適量

- 上新粉
- きな粉
- 砂糖
- 栗（甘煮、天津栗、むいてある栗でも）
- お湯

作り方

1. 上新粉をボウルに入れ、お湯を少しずつ注ぎながら、まぜます。
2. まとまってきたら一口大にちぎって丸めてお団子状にします。
3. 団子どうしがくっつかないよう、上新粉を少しふっておきます。
4. たっぷりのお湯に団子を入れ、浮き上がってきたらひきあげます。
5. きな粉・砂糖をかけ、栗をそえて、一緒にいただきます。

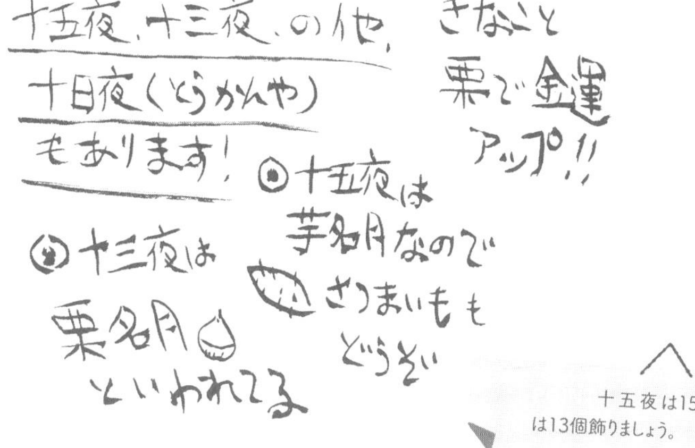

十五夜は15個、十三夜は13個飾りましょう。

11月・霜月

林檎とチーズの甘じょっぱい恋のサラダ

材料：すべて適量

- ◆林檎
- ◆プロセスチーズ（または好きなチーズ）
- ◆粉チーズ
- ◆林檎酢
- ◆ハチミツ
- ◆塩・コショウ
- ◆オリーブオイル

作り方

❶ 林檎をいちょう切り（または短冊切り）に、チーズはさいの目切りにします。

❷ ❶に林檎酢・ハチミツ・オリーブオイル・塩・コショウ・粉チーズをたっぷりかけてまぜ合わせ、器に盛ります。お好みで、その上からも粉チーズをかけて。

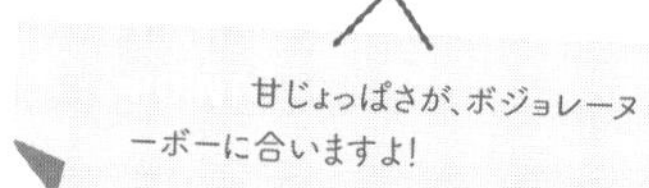

関係良好包んでロール白菜ミルク味

材料：すべて適量

- ◆ひき肉（鶏、豚、合い挽きでも）
- ◆小麦粉
- ◆白菜
- ◆牛乳
- ◆お湯
- ◆A 砂糖・醤油・味噌・塩・コショウ（肉の下味用）

作り方

❶ひき肉にAと小麦粉少々を入れて、まぜ合わせます。

❷白菜を柔らかくなるまで加熱し、1枚ずつはがします。

❸ ❶を空気を抜きながら俵型に丸めて、❷でくるっと巻きます。

❹鍋に牛乳・お湯を3対1の割合で入れ、❸を並べて、しっかり肉に火が通るまで煮ます。

牛乳にはあまり味をつけず肉にしっかり味をつけましょう！

牛乳だけで煮込んでもOK、よりコクが出ます。

12月・師走

冬至！ 小豆とカボチャの甘ーいミルク粥

材料

◆小豆缶
◆カボチャ
◆豆乳
◆塩
◆ごはん
◆水

作り方

❶カボチャはやわらかくなるまでレンチンして、一口大に切ります。

❷鍋に水・塩・小豆缶・ごはんと❶を入れて、とろとろになるまで煮ます。

❸最後に豆乳を加えて、さっと加熱したら完成！

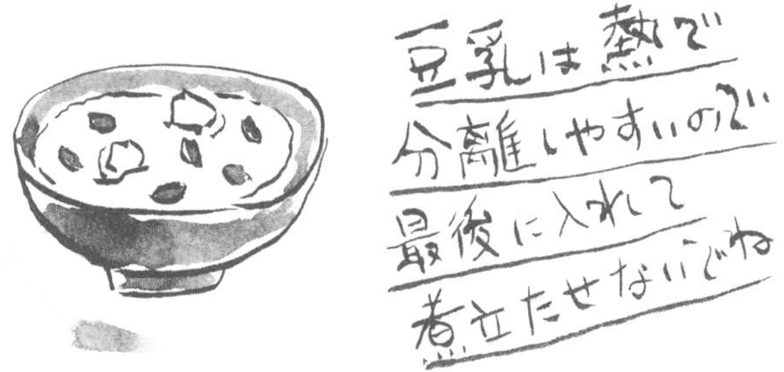

寒〜い季節に、あつあつ
お粥であったまりますよ。

ひまる式 伊達巻

材料：すべて適量

- ◆卵
- ◆はんぺん
- ◆牛乳
- ◆砂糖・麺つゆ・みりん
- ◆バター

作り方

❶はんぺんを手で細かくつぶし、溶き卵・砂糖・麺つゆ・みりん・牛乳とまぜ合わせます（フードプロセッサーがあるとらくちん）。

❷フライパンにバターをひき、❶を流し込んで焼きます（オーブントースターでもOK）。

❸火が通ったら、フライパンからとりだし、巻きすで形を整えましょう。

❹一口大に切って完成です。

フライパンは
丸くてもOK
巻きすで巻く時、
両端を少し
切り落とすと
良い。

フライパンの場合、
ふたかアルミホイルを
乗せて焼く。
15分〜18分
竹串で刺して
焼けているか確認を

砂糖多めが、ひまる流。バターでコクが出て、ケーキのようです！

1月・睦月

競り上がって株あがれ〜〜なカブと芹の鍋

材料:すべて適量

- ◆カブ
- ◆芹
- ◆長ねぎ
- ◆豚肉(しゃぶしゃぶ用)
- ◆だし汁(昆布でも鶏ガラでも)
- ◆レモン
- ◆塩
- ◆A コチュジャン・酢・醤油・ごま油・すりごま・おろしにんにく(つけダレ用)

つけだれは
ポン酢やごまだれ
でもOKですよ〜!

❶カブは4等分に切り、葉っぱも食べやすい大きさに切ります。
❷長ねぎは白髪ねぎに切ります(緑の部分と芯は鍋に入れて)。
❸鍋にだし汁を入れ、カブがやわらかくなるまで煮てください。
❹豚肉を加え、塩も適量入れます。
❺一口大に切った芹、カブの葉、ねぎ、輪切りにしたレモンを上に並べます。
❻ふたをして肉に火が通るまで煮ます。
❼Aを混ぜて白髪ねぎを加えてタレを作り、鍋につけていただきます。

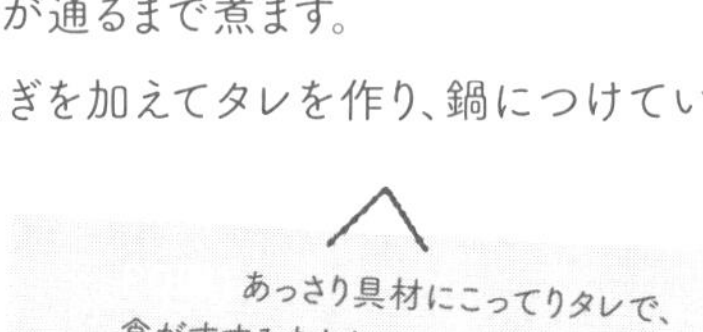

大寒卵じゃなくても！ 卵かけごはんのススメ

材料：すべて適量

1）卵、梅干し、海苔の佃煮、麺つゆ、ごはん

2）卵、納豆、砂糖、麺つゆ、ごはん

3）卵、わさび、大葉、麺つゆ、ごはん

4）卵、バター、麺つゆ、ごはん

作り方

それぞれをごはんにかけていただきます。

醤油でもOKですが、麺つゆだと旨味が増します。

大寒卵の季節以外もおためしを。

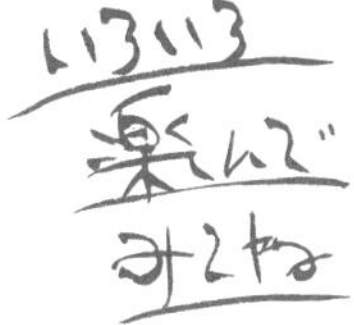

大寒卵とは、一年で一番寒い1月20日に生まれた鶏卵のことです。
この日の生まれの卵が欲しい場合
・ネットで直販している養鶏場から取り寄せる（12月終わりから狙っておきましょう）
・百貨店などで「大寒卵」として売っているものを買う
・当日に直接養鶏場へ買いに行く（売り切れの場合もあるけれど、一番新鮮）
・スーパーの場合は「産卵日」が入っているものと、「賞味期限」のみの場合も（「採卵日」は産卵日と同じことが多いですが確実ではありません）

おわりに

食を楽しむこと。それは自然の中で育った大切な命をいただくことです。私たちはその命をいただくことで、体が育ち、心も育ってきたのです。

そして私たち人間自身も、その命をつないでいかなければなりません。つなぐために食物としていただく命を、私たちが「育てる」必要がありました。その基本が稲作でした。

私たちの祖先は、秋にその実りを受けるために、そこに感謝の気持ちを込めて、自然の神に祭りなどをして祈りを捧げてきました。

実りを育てるために必要だったのは、季節の流れを知ることでした。その知恵の中で生まれたのが「暦」なのです。

日本の「旧暦」は、月の満ち欠けを基準とし、それに閏月(うるうづき)を置いてズレを調整する太陰太陽暦でした。「新暦」は太陽の動きを見て決めていく暦で太陽暦ともいいます。旧暦から新暦に変わったタイミングは、西洋の文化が入ってきた明治時代からです。

旧暦と新暦は1か月くらいの季節のズレが出てくるため、当時、神社や農家の人々は大変混乱したそうです。面白いことに、この流れを受けて、新暦でするお祭りや、旧暦に合わせてするお祭りの両方が神社にはあります。悩みながらも、時代の流れ、世相に合わせていくのが日本の文化のいいところです。仏教が入ってきたときも、いろいろな混乱があったようですが、それを逆手にとって、神社もお寺も一緒に祀って幸せの行動を増やしてしまおうと考えるところが日本人の大らかさだと感じます。

こうやって、対立するのではなく、人々が幸福に向かってどう自然と溶け込ませるのか。とにかく神様も仏様も楽しんでしまおうという気持ちが透けて見えて、日本人のユーモアを感じます。暦もそう。旧暦だろうが新暦だろうが楽しく祝って、美味しいものを食べて、家族の健康と成功、厄払いを願う。なんて愉快な開運法でしょうか。

二十四節気もそうです。もともとは中国からきたものですが、それをさらに細かく72の季節に分ける七十二候というものを作り、日本の季節に合わせていきました。細かくなりすぎるため、この本では七十二候は紹介していませんが、それぞれ季節を感じられるものなので、ぜひご自分で調べてみてください。虹が出る時期やツバメの渡る季節が分かるなど、楽しいですよ。

暦を完璧に理解する必要はありません。自分のペースで、少しずつ好きなように取り入れていって、自分の厄を自分で祓うという行為なのだと思って楽しんでください。幸福は、年中行事をどんな形で楽しむ人にも平等にやってきます。難しいことを正しいことと思わずに、自分のできる範囲でトライするのが大切なのです。

旬を感じて季節を知ることは、自分の癒しにもつながります。そうしたところから、人生を日々の中で楽しむということを始めてほしいのです。難しい形ですることはお勧めしません。なぜなら面倒くさくなって続かないのが一番ダメだと思うからです。私も基本は面倒くさがり。でも、開運はしたいし、旬を感じて美味しいものを食べ、行事を楽しみたい。そんな思いからこの本を書いてみました。細かい決まりはできる人に任せて、日本人の持っている、いやはや何とかなるさの精神でいきたいと思っています。

基本のところだけは抑えて、そのほかは自分なりのスタイルで遊び感覚をもって楽しんでほしいと思っています。

あなたにとって毎日が素晴らしい日々となるように、この本を活用して楽しんでいただけたら嬉しいです。

生きることを楽しんで、日々の中からいっぱい幸運をつかんでください。

天赦日前の新月の日に　　絵馬師　永崎ひまる

永崎ひまる（ながさき・ひまる）

絵馬師

平成27（2015）年度「神道文化賞」受賞（絵馬師として初受賞）。

「伊勢神宮崇敬会 開運絵馬」「出雲大社 令和開運大絵馬 大国主大神と鼠」「宗像大社 世界文化遺産登録記念大絵馬」「霧島神宮 御本殿造営三百年記念大絵馬」「賀茂御祖神社 大絵馬御手洗川下鴨情景」「乃木神社 干支大絵馬」「甲斐國一宮淺間神社 御鎮座壱千百五十年記念大絵馬」「万九千神社 万九千社正遷宮記念大絵馬」「東京大神宮 令和記念大絵

馬」「神田明神 神田神社だいこく様大絵馬」などを奉納。
羽田空港第3ターミナルに「羽田空港大絵馬 鳳凰と富士」、出雲縁結び空港に「ご縁結び大絵馬」も展示。
細川紙が有名な埼玉県の小川町ふるさとアンバサダー（大使）、出雲観光大使。
おもな著書に『アラン・デュカス 秘密のレシピ』（グルマン世界料理本大賞2014イラストレーション部門のグランプリ受賞）『ハッピー!! 開運神社めぐり』『1日1分見るだけで願いが叶う！ ふくふく開運絵馬』など。
和風画家として、ワイン、日本酒のラベルデザインなど、絵馬だけでなく多岐にわたるジャンルで活躍中。

ブックデザイン／原田恵都子（Harada+Harada）
DTP／株式会社明昌堂
絵馬撮影／徳山喜行

絵馬で開運！しあわせごはん暦

2023年12月10日　第1刷発行

著者　永崎ひまる

発行者　樋口尚也

発行所　株式会社 集英社
〒101-8050
東京都千代田区一ツ橋2-5-10
電話　編集部 03-3230-6141
読者係 03-3230-6080
販売部 03-3230-6393
（書店専用）

印刷所　TOPPAN株式会社

製本所　ナショナル製本協同組合

集英社学芸編集部公式ウェブサイト
http://gakugei.shueisha.co.jp
集英社学芸編集部公式Facebookページ
https://www.facebook.com/shueisha.gakugei

ISBN978-4-08-781745-4 C0095

村上祥子

集英社

78歳、村上祥子の日常をお見せします

私は今、福岡の自宅でひとり暮らしをしています。
料理研究家として、料理教室の運営、レシピの考案を始めて50年が経ちました。夫と子ども３人の５人家族でしたが、子どもたちは独立し、夫は６年前に先立ちました。

５年前に、東京に構えていたキッチンスタジオを畳みました。現在は、福岡の自宅に備えたキッチンスタジオを拠点に活動を続けています。

私をとりまく環境は変わりましたが、
大事にしていることは変わっていません。
日々、元気に動くために、
簡単でもいいからきちんと食べ続けること。
限りのある状況を楽しんで、好きなことをすること。

ムラカミ、78歳の、
素のままの暮らしを紹介します。

料理教室や講演会で全国に出張をします。電子レンジ料理に欠かせない、耐熱容器一式、資料のファイルを携えて行きます。出張先では、ひとりで大荷物を抱えて現れるので驚かれることもあります。

ちゃんと食べる

ある日の朝・昼・晩の食事です。
普通のものをしっかりと食べます。
「ちゃんと食べるんだね」と息子から驚かれました。
電子レンジ、作り置きを駆使して、
野菜、タンパク質、炭水化物を
手軽にバランスよく食べています。

朝起きたら まずミルクティー

ミルクティーはコンロでお湯を沸かさず、マグカップに水とティーバッグを入れて電子レンジで加熱します。私が開発した「にんたまジャム®」（作り方は237ページ）をスプーンに1さじプラス。ビタミンDのタブレットを数個。

朝食

発芽玄米ごはん、納豆、温泉卵（ねぎを刻んでプラス）、野菜たっぷりのみそ汁は材料を耐熱性の計量カップに入れて、電子レンジでチン！　ごはんは茶碗1杯150gを目安に。だいたい毎朝似たような内容です。朝食の定番を決めてしまうと楽です。

昼食

朝・夕をバランスよく食べれば、昼は手軽にサンドイッチでもいいのです。バゲットは小さいものを2本。具は、まとめ作りのマカロニサラダとローストビーフ&チーズ。みかんとミルクティーも一緒に。

夕食

マグロ丼は発芽玄米ごはんに「ごまマグロ」（マグロをごまだれ、柚子胡椒、パクチーのざく切りであえたもの）をのせて。おからの炒り煮、ピーマンのじゃこ炒り煮、きんぴらごぼうなど小さなおかずは、まとめ作りの常備菜を取り分けたり、冷凍したものを解凍して、何品か添えます。飲み物は日本茶と赤ワイン。夕食にはワインが少し飲みたくなります。

私の弁当

出張に行くとき、外で買うよりも家で簡単に用意する弁当のほうが、好きな味で身体にいいものを食べられます。発芽玄米のおにぎりにやわらかい梅干しをのせたもの、作り置きのコールスロー、薄味の半熟卵、6Pチーズの組み合わせが定番。

楽しく動く

自他ともに認める「マグロちゃん」（動いていないと死んでしまう回遊魚）なので、興味を持つこと、チャレンジしたいことが次々と出てきます。出張が多いですし、自宅にいるときは2階のキッチンスタジオと3階の自宅を往復してこまごまと動いています。「跳ぶ」動作が身体にいいと聞いて、寝室にはトランポリンを置いています。

外での打ち合わせにも、必要と思われるものは極力持っていきます。相手先や仕事ごとに、やりとりしたメールから関連する資料までファイリング。ファイルごと持参します。私が考案した「マグカップ料理」を説明するときには、マグカップも何個か。相手は大荷物に驚きますが、実物や資料があったほうが話が早く進みますし、発展します。私にとってはなんでもないことです。

普段から結構動くので運動不足ではないと思いますが、身体のために「跳ぶ」運動も加えます。毎朝100回跳んでいるトランポリン。

ロボット掃除機「ルーロ」が今ではひとり暮らしのパートナーに。予測できない動きをする「ルーロ」がかわいくて仕方ありません。便利なものはありがたく利用して「働かない方」改革です。

持っているものを“最小公倍数”にする

スペースには限りがありますし、年を重ねると多くのものを管理することが難しくなってきます。
今あるものをどう活用していくかを考えたほうが面白いです。

シルエットの美しい黒いジャケットは、着まわしがしやすいです。黒のプリーツスカートで上下黒で統一したときは、ベルトをきっちり締めて柄のスカーフでアクセントを。大胆な花を配した白いスカートと合わせるときは、ジャケットのベルトを外し、さらっとはおります。

洋服は１年を通して全部で 30 着。厳選して購入し、着まわしています。繰り返し着ても飽きないことを基準に選ぶと、上質なジャケットやニットに行きつきます。小物はストールやスカーフが 10 枚、帽子が８個、バッグが３個。靴はぺたんこ、ヒール、ブーツを合わせて５足。限られたアイテムを床に広げて組み合わせを考えるのも楽しいです。

私の仕事の制服はエプロンです。上にエプロンをかけて動きやすいか、違和感はないか、清潔感はあるか。これがいちばん大切。先日、白いＴシャツに惹かれて買い何度か着ましたが、この年齢になってくると難しいと感じあきらめました。黒いＴシャツがしっくりきましたので、そちらを愛用しています。

これでいいんです。ひとり暮らしのリビングキッチン

子どもたちが独立して、夫とふたり暮らしになったとき、“おふたりさま用”に改装した自宅のキッチン。約６畳分のスペースに、キッチンカウンター、食卓と椅子２脚、冷蔵庫、テレビ、仏壇を備えています。食器は工務店に頼んで壁につけてもらったオープン棚に並べています。６年前に夫が亡くなって今ではここが､私のおひとりさま生活の拠点です。

娘の部屋だった東南の和室を改装。システムキッチンのカウンターはスペースに合わせて切ってもらいました。コンロは100VのIHクッキングヒーター１台のみですが、十分です。食器・道具は最低限必要なものに絞り、“見える収納”に。使いたいものがいつも見えて快適です。

２年前、小さな冷蔵庫に買い替えました。冷蔵スペースには、保存容器に入れたまとめ作りのおかず、「にんたまジャム®」、自家製甘酒を常備しています。冷凍スペースには、「１人分冷凍パック（肉か魚＋野菜）」。これがあれば、１人分の汁物やおかずを手軽に作れます。

かつては、ここがLDKでした。息子が大学生の頃、友だちを連れてきたときには、広いキッチンであれこれ料理をしましたが、今ではそんなこともなくなり、きれいさっぱり撤去しました。

自宅キッチンの道具は極力少なく。鍋類はシンク下の引き出しに。箸、スプーン、キッチンばさみ、泡だて器、調味料はキャスター付きワゴンの上にまとめています。

小さな仏壇は、高島屋で見つけました。朝に夕に、仏様にお供えしたり、お線香をたくのも、リビングキッチンでできるので楽です。お坊さんにもここでお経をあげていただきます。

料理家　村上祥子式
78歳のひとり暮らし
ちゃんと食べる！
好きなことをする！

目　次

第1章　78歳、こんな毎日を過ごしています　33

第2章　今の私を動かす記憶　57

第5章　仕事とともに生きる　149

第6章 自分らしい「終活」DAYS 181

村上祥子式 ひとりでも毎食ちゃんと食べる簡単レシピ　217

はじめに

●78歳、料理研究家、6年前からひとり暮らし

こんにちは。村上祥子です。

「あ、電子レンジ料理の人だ！」と思い浮かべてくださる方もいるでしょうか。これまでにたくさんの電子レンジを使ったレシピを雑誌やテレビで紹介してきました。「にんたまジャム®」や「たまねぎ氷®」などで知ってくださっている方もいるかもしれません。

出版した料理本はいつのまにか単行本だけで500冊を超えました。50年この仕事を続けていますから、イベントで「お母さんが、村上先生の本を持ってました！」と声をかけられることも最近は多くなりました。これまでに紹介したレシピが、どこかの家庭の懐かしい味になっているとしたら、と

ても嬉しいことです。

今年（２０２０年）の春は、世界中が新型コロナウイルスの感染拡大に巻き込まれて、あれよあれよという間に生活が一気に変わってしまいました。緊急事態宣言が出ていた間は私も自粛生活を心がけて、福岡で自宅ごもりの日々を送りました。

それまでは、３日と同じ場所で寝ていないのではないかというくらいにあちらこちらを飛び回っていたのですが、出張の仕事はすべて延期やキャンセルになりました。単行本も雑誌の連載も撮影はストップ。自宅のキッチンスタジオでの料理教室もお休み。思いがけず時間ができましたが友人と外食するわけにもいきません。

そんな状況の中、私がどうしたと思います？

「できないことはやらない！」

そう、決めました。

だけど、変わらない日常もあります。私にとってそれは、「毎日料理をすること」です。料理といっても、ひとり暮らしの今は、自分ひとりのためのもの。自分の身体や心が本当に「食べたい」と望んでいるものを食べます。

たとえばこんな感じ。

起き抜けには目覚めのミルクティー2杯。「にんたまジャム®」を1さじペロリ（毎朝の習慣です）。

朝は、発芽玄米ごはんと納豆、温泉卵と具だくさん（肉・魚と野菜）のみそ汁。

昼は、手軽にサンドイッチ。市販の鮭の幕ノ内弁当を買って食べることもあります。

夜は、お昼に不足していた食材、といえばいつも野菜ですがそれをプラス。

市販のおでんでもＯＫ。だけど、そこに青菜２００ｇをレンジで「チン」して水にとってしぼったものを加えます。

冷凍や電子レンジ、マグカップ料理などをフル活用しています。詳しい話やレシピなどは後ほどゆっくり紹介します。

食事の時間以外は「今できること」を。掃除や洗濯などの家事もあります。ひとり暮らしなので、ゴミを１階の倉庫まで持って行ったり郵便物を取りに行ったりというのも私の役割。仏壇のお水を毎朝取り替えて、掃除をしてからお参りします。６年前に亡くなった夫や懐かしい両親のことを思うひとときです。

外での仕事はキャンセルや延期になりましたが連載の原稿仕事はあります。その執筆をしたり新しいレシピを考えたり。始終、頭の中はアイデアと「ひらめき」でいっぱい。思いついたら、早速スタジオで試作。それをまたテキストにして……と、１日があっという間に過ぎていきます。

●社宅に暮らす主婦から料理研究家になって50年

料理研究家になって50年が経ちました。

子どもの頃から食べることが好きで、料理することも大好きでした。人に料理を教えることになったきっかけは、結婚後の社宅暮らしの中でのつきあいにありました。

私が結婚したのは昭和39年（１９６４年）、大学を出たばかりの22歳でした。8歳上の夫との新婚生活が始まったのは福岡県北九州市のアパート。お風呂はないから銭湯通い。帰り道はアイスキャンディーを頬張って、ふたりで下駄をカランコロンと鳴らしながら歩いたものです。１年後に木造社宅に引越し。２年後に、夫が東京本社に転勤になり、杉並区のアパートに引越し。東京暮らしが始まりました。

はじめに

年末におせち料理づくりに精を出していたら、夫が「同僚にお裾分けしてあげたい」と言うのです。理由を聞いてみたら、その方の奥様はアメリカ人でアンさん。正月料理は毎年「蜂蜜を塗って焼き上げたハムの塊（かたまり）」。私としてはそちらに興味津々ですが、日本人男性として食べなれたおせち料理が恋しい気持ちもわかります。どうせ手間は一緒。大晦日に容れ物を持っていらっしゃい、と夫妻を招いて、当時四国でひとり暮らしだった舅（しゅうと）も交えて年越しのお祝いをすることになりました。

夫婦ぐるみですっかり仲良くなった私たちは、翌年、中野区中野坂上の社宅に引越し。まだ20代で元気いっぱいの私は、向かいのアパートに住むアンさんのところまで階段を駆け下りて、駆け上がって、麦とろ飯やきゅうりもみなどをお裾分けしていました。アンさんが「夫の誕生日に卵焼きを作って驚かせたい」と言ったときには「卵4個とフライパンを持っていらっしゃい」と、社宅の小さなキッチンで作り方を教えました。

そんなことが続いていたある日、アンさんが東京アメリカンクラブで「日本人男性と結婚している外国人女性」の方たちに私のことを話したことから「私も習いたいわ！」と人が集まり、『日本の家庭料理を学ぶ会』ができたのです。生徒は12人。このときから私は「料理の先生」になりました。結婚して5年が過ぎていました。3歳、2歳、0歳児の母でもありました。

●料理コンテストで優勝！　料理研究家デビュー

32歳のとき、大分からカリフォルニアアーモンドの料理コンテストに応募。最後の決勝に残りました。ちょうど、夫が東京本社に転勤。コンテストに出場したら優勝。アメリカ旅行に招待されました。これがきっかけで、料理研究家として雑誌『ミセス』でデビュー。1年後にはいろいろな方面から声がかかり、『栄養と料理』『マダム』『婦人公論』『家庭画報』などの料理雑誌、婦人誌の料理ページを担当することになりました。

あるとき、私を紹介する記事が掲載された週刊誌に夫の名前や会社名、肩書までが出てしまったことがありました。日頃は私の仕事に理解のある人でしたが、このときばかりは「僕のことを公にするのは控えてほしい」と釘を刺されました。彼の仕事がやりづらくなってはいけません。本当に申し訳なかったできごとでした。

そんなこともあって、夫に北九州市への転勤の辞令が出たとき、すぐ、決めました。「いったんメディアの仕事をやめて、東京を離れよう」。結婚したときに、地の果てまでもついていくと決めていたのです。長男と長女は私立の中学生、次男は小学5年生になっていました。

「せっかく名前が出始めたのにもったいない」と惜しんでくださる方もありました。でも、仕事はいつかまたできるという気持ちがありました。

撮影のために買い集めていた鍋や什器は、クリアランスセール。料理教室の生徒さんに分けました。大量にあったアメリカ製の保存容器は、お別れパーティ用に作った料理を詰めて、もらってもらいました。

さっぱり身軽になって、東京の世田谷区成城から北九州への引越しです。

●20台の棚に並べた資料が料理研究家としての転機に

40代の前半には、子どもたちが順に我が家を巣立っていきました。大学進学で、まず長男が。その翌年には長女も大学進学でひとり暮らしを始めました。それから3年後、末っ子の次男も同じ理由で家を出ることになりました。にぎやかだった5人家族が、夫婦ふたりだけの暮らしに戻ったのは、47歳のときでした。成城から北九州に移って、10年が経っていました。

そのタイミングで社宅暮らしに終止符を打つことに決めていました。成城の家を処分して福岡にスタジオ兼住居を新築。と同時に、万一夫が本

はじめに

社転勤になったときのために目黒区三田にマンションを購入。そうしたら新居完成直前に夫が東京本社に転勤！　１９８９年３月は夫、次男、私の３つの引越しを同時に行いました。

ところが夫はその年の６月にまた福岡に戻ることになり、マンションが空きました。

しめた！　チャンス到来です。

リフォームしてスタジオにしよう。足場ができた私は東京での仕事を再開。航空券の回数券を買って、福岡と東京を往復する自称「空飛ぶ料理研究家」の始まりです。

目黒のスタジオを港区西麻布に移転したのが、54歳のとき。それからの２年間、メディアの仕事はあふれるように来ましたが、ただ料理ページを埋めるためのものばかり。

初めて自分で作った料理スタジオ

47歳のとき、夫の東京転勤に備えて目黒区にマンションを購入。夫は翌年東京転勤の直後、福岡の関連会社に異動。チャンス到来！　リフォームして料理スタジオを持つことに。オール電化のマンションだったのですが、どうしても火力が強いガスのオーブンレンジが必要でした。理事会にかけあって許可を取りガス工事を依頼したのも、いい思い出です。

食器は、この頃から“見せる収納”でした。壁に掛けたマグカップには思い入れが。若いとき、渡米を夢見て米軍住宅の英会話教室に通ったことがあります。そこで、先生も生徒もマグカップでコーヒーを飲んでいたのに憧れました。目黒のスタジオでは、スタッフや撮影チームにマグカップでコーヒーを出していました。人数分、数をそろえて壁に掛けていたのです。

「ちゃんと食べて、ちゃんと生きる」。これを伝えたい一心で、東京進出をしたのではなかったのか?

自問自答を繰り返します。

大学で栄養学を学び、糖尿病の予防改善の食事を研究し、開発した資料やエビデンスが50万点近くありました。その資料を東京に運ばなくては。「ムラカミは仕事の手早い何でもこなす先生」というイメージを打ち破らなくては……。

高さ230㎝、幅90㎝、奥行き21㎝のスチール棚20台が入る物件を探し、見つけた西麻布のスタジオ。

ビルの最上階に住んでいる大家さんの了解を得て、『ゲルニカ』の飾ってあるスペインの美術館をまねて改装。この資料が功を奏し大手食品メーカーの顧問になり、雑誌、単行本、新聞、テレビ出演、講演など、仕事が増えました。
東京－福岡の往復は頻度を増し、1日に3回飛行機に乗るようなこともありました。いつだったか、それが2日続いたときには航空会社から「搭乗の予約をお間違えではないですか」という電話がかかってきたこともありました。

●そして今。ひとり暮らし7年目

西麻布のスタジオを畳んだのは5年前。夫が亡くなって1年後のことです。長年、料理研究家として仕事をしてきましたが、メディアの潮目が変わった実感もあり、地元の福岡で〝自立したシニアでいるための料理に力を入れたい〟と思っていたこともありました。
夫はリタイア後はもちろん、会社員時代から私の確定申告を引き受けてくれました。経理面でも精神面でもサポートしてくれました。心強くてありがたい存在でした。頼もしいパートナーであった夫を見送ったとき、私は72歳。そのあと3年くらいは、心の中に大きな喪失感を抱えたまま過ごしていたと思います。

生きていればいろんなことがあるのは当たり前。人生は、目の前を片づけながら進むしかないと思っています。

私は、今も変わらず、毎日料理の仕事をしています。

これまでの「50年」という長い時間の間には、様々な変化がありました。夫の転勤や子どもたちの成長、親の看取りなど私自身に起こった個人的な変化もたくさんありました。また、主婦が外に出て働くことに対する意識の変化や、便利な電化製品の開発など社会の変化もありました。その中で、いつも変わらなかったのが「ちゃんと食べて、ちゃんと生きる」ための料理への情熱です。

「こうしたら、もっと手軽においしくできるのでは？」
「新しいツールをどう使えば、もっと便利になるかしら」
など、研究への興味は尽きず、参考文献を読み込んで理論を学び、試作・試食を繰り返してレシピを開発してきました。

好きこそものの上手なれということわざがありますが、まさにその通り。好きだから、楽しいから、手探りしながら夢中で進んできたのです。

ずっと研究を続けてきた電子レンジ料理ですが、ここ数年は、火事の心配がなく、１人分の料理がおいしくできるという点から、シニア向け電子レンジメニューが注目を集めるようになりました。私自身も、気がつけば立派なシニア。自分の生活から生まれる工夫が、皆さんの役に立つのを目の当たりにして張り切っています。

今朝も、「村上先生のお陰で、苦手で嫌いな料理が好きになってきました。

59歳!!　来年2月に還暦のシルバーグレイより」というショートメールが届いたばかりです。

人生最後の日まで料理の仕事を続けよう。迷いはありません。

ムラカミを動かす言葉。

「エネルギーは天下のまわりもの！」

人の持つエネルギーに上限はありません。
使えば使うほど、使った分だけまた入ってきます。
だから、毎日全力投球しても大丈夫。
今日1日を思いっきり楽しく過ごしましょう。

「"最小公倍数"で考える」

今、自分にあるのは「これだけ」。
そう決めたら、足りない何かを外に求めるのではなく、
自分自身の内側で知恵を働かせます。
考え方ひとつで、たいがいのことはできます。

「好きなものをピックアップして暮らす」

身の回りの整理は60代前半までにすませる。65歳を過ぎたら、
「〜しなければならない」「〜しておかなければ迷惑をかける」
と考えても体力がついていきません。
断捨離もしなくていい。決断もしなくていい。
ただ、好きなこと、楽しいことをピックアップして、
機嫌よく暮らしましょう。

第1章

78歳、こんな毎日を過ごしています

●朝いちばんのミルクティー

私は早起きです。仕事を始めてから、午前3時半から4時の間に起きる生活が長かったのですが、この春のコロナ禍での自粛生活で5時半起きになりました。夜は10時には布団に入るので、睡眠時間は7時間以上。十分です。

起き出して、うがいと歯磨き。そのあとすぐに電子レンジでミルクティーを作ってゆっくり楽しみます。

〈ミルクティーの作り方〉

〔材料1人分〕

水200㎖　ティーバッグ1個（2g）　牛乳50〜70㎖　砂糖小さじ2

〔作り方〕

①マグカップに水を注ぎ、ティーバッグを加え、ラップはかけずに電子レンジ600Wで2分加熱。

②ティーバッグを取り出し、牛乳を注ぎ、砂糖を加えて混ぜる。

家中に時計を掛けています。朝、起きてからの行動のおよそのつかみができます。電子レンジでミルクティーをいれ、「にんたまジャム®」を1さじペロリ。ごはんを仏様にお供えし、お水替え、花を替え、ローソクをともして線香を上げてお参り。乾いた洗濯物を畳み、部屋の掃除をし、一汁一菜の食事。これで1時間。ここで本日の仕事のメモを作成。といってもメモの内容は目覚めるときに浮かんだ考え。昨日やり忘れた仕事。書きかけのメールにプラスしたいひと言。工務店に発注の案件など。7.5×7.5㎝の付箋1枚に1件の用件を記入。それらをＡ４用紙に留めて、階下のスタジオに降りたらスタッフの机の上に。３階に戻り、テレビのニュースを見ながら、トランポリンを１００回跳んで、風呂に入り、身支度を整え、いざスタジオに出勤。

1階のガレージ門扉を開け、新聞を取り、落ち葉を掃き、2階のスタジオに戻る。コーヒーマシーンをセット。お菓子を準備。パソコンを立ち上げ、メールをチェック。これとこれは後でまとめてやる、なんて計算はまったくしません。目の前にあるものから片づけます。

このご時世、人生は目の前を片づけながら進むしかないと割り切っています。

●コロナ禍で思ったこと

今年の1月末あたりから思いがけず始まった新型コロナウイルスという見えないものとの戦いは、長期戦になりそうですね。2月、3月は、マスクをつけてソーシャルディスタンスをとりながら撮影や料理教室を続けていましたが、講演会や小学校の食育授業などはすべてキャンセルに。4月の料理教室は開催延期として生徒さんにお知らせし、その後、7月までお休みを延長することを決めて連絡をしました。8月の夏休みも含めるとずいぶん長い休みですが、すっきりとコロナ禍がおさまったところで再開したいと思っています。人生は思ったようにはいかない。できないことは無理してやらない。私のモットーです。

村上祥子料理教室ｉｎ福岡の皆さまへ

お元気でお過ごしのことと思います。
私もとても、元気に過ごしています。

思いがけずも見えないものに対しての長期戦となりました。
日本人の叡智を集めて、対策が取られています。
きっと終息するときがくるでしょう。

４月教室につづき、５月教室開催も延期させてください。

私もまとまった時間ができました。
ここをチャンスと、たまっていた資料の見直しをしています。
いろいろ発見があり、面白いです。
次回、お目にかかるときには、新しいレシピをお伝えできたらと願っております。
デパートも臨時休業の状態です。
手元にありますものを同梱します。

またのお目文字を楽しみにしています。

村上祥子

４月に送った葉書

デパートも臨時休業。挨拶状を送るついでに何かプレゼントをと思いました。手持ちの著書の数では間に合いません。

東京の教室の生徒さんだった羽田の大谷政吉商店会長、大谷京子さんに電話。保存料を一切使わず東京湾で獲れた魚介の佃煮を作っている会社です。佃煮を送ってもらい手紙に同梱。嬉しい、おいしい、おかげさまで元気です、の電話、メール、葉書がわんさか到着しました。

先読みしたり、他人の思惑（おもわく）を想像したりなど、余分な労力は使わずに、すっきり進みます。

スタジオは料理の問い合わせの電話が多いのですが、1日は24時間。何に使っても24時間。撮影の途中でも、カメラマンや編集者に迷惑をかけない範囲で相手をしています。

村上祥子料理教室ｉｎ福岡の皆さまへ
村上祥子実習教室の皆さまへ

お元気でお過ごしのことと思います。
私もとても、元気に過ごしています。

休講中は、数々のお手紙、お電話、メールを
ありがとうございました。
5月14日、九州で緊急事態宣言が解除となりました。ホッとしましたね！　でも油断は禁物です。
３密を避け、ソーシャルディスタンスをとって、
コロナウイルス感染の２波､３波を抑え込まなければなりません。
村上教室は、料理の授業もさることながら、おいしいものを食べて、おしゃべりをして楽しい、がモットーの教室です。いま暫くのご辛抱を皆さまに お願いさせていただきたく思います。申しわけありません。
6月、7月教室はお休み、8月教室は夏休みにさせてください。
9月教室は、改めてご連絡させていただきます。料理のことで何か質問があれば、いつでもどうぞ。
またのお目文字を楽しみにしています。
手洗い、うがい、消毒に気を配って、お元気でお過ごしください。

2020年 5月15日
村上祥子

緊急事態宣言が解除になって送った葉書

お休みの期間中に、140人の生徒の皆さんには「おいしくて、体力作りに効果のあるレシピ」を送りました。ひき肉とマッシュポテトのグラタン、鶏むねひき肉で作るチキンナゲット（作り方は228ページ）など、材料費もさほどかからない「おうちごはん」です。

●まるで回遊魚!?

今年の初め、ＮＨＫの番組収録をしたとき、音響担当の方に「まるでマグロだな」とつぶやかれました。

それで思い出したのですが、テレビのＣＭで自ら「マグロちゃんって呼んでください」と言っていた時期があります。回遊魚のマグロみたいに、いつも動き続けていないとエネルギーのはけ場がないのです。スタッフによると、ムラカミは、いつも機嫌がよいのだそうです。自分で意識したことはないのですが、毎日体調がよくて、健康で、エネルギーもたっぷりあふれるほどあるからでしょうか。

コロナ禍で自粛生活に入る前は、福岡の自宅での料理教室をはじめ、雑誌やテレビの仕事、執筆、講演、商品開発など目まぐるしい日々を送っていました。

たとえば、ある1日はこんなふうに。

東京で単行本の撮影。品川のホテルに1泊して、朝いちばんの飛行機で福岡に戻る。

福岡の料理教室で生徒さんたちに教えて、午後の飛行機で再び東京へ。夕方からメーカーの営業職の方向けのプレゼンテーション。

それが終わるとすぐに羽田空港に駆け戻って、福岡行き最終便で帰宅。

24時間の間に東京→福岡→東京→福岡と、行ったり来たりしました。

福岡にいる日、2階にあるスタジオで生花の水を取り替え、前日の料理教室で使った食器を食洗機から出して棚にしまい、洗って乾燥機に入れておいたふきんやタオルを畳み、所定の位置に収納。小学校への出張授業のために調理器具を梱包して宅配便で送る手配をすることもあれば、動画撮影用の食材やテキストの準備をすることも。教室用に、レシピを考えて試作。これは、ほとんど毎日やっています。その他、料理教室の経理業務も、夫が亡くなった今は自分でやらなければなりません。

「新聞に載っていたレシピを失くしました」

「〇〇の作り方、教えてください」

毎日電話がかかってきます。ときにはメールもあります。

「黒豆の煮汁だけが余るのですが、どうすればいいでしょうか?」という問い合わせには、こんなふうに答えました。

「黒豆の黒色は、アントシアニンのせいです。昔は黒豆の煮汁は喉の妙薬といい、風邪気味の子どもに飲ませたものですよ。えっ？　小さい人はいない？　甘いゼリーにするのはどうですか？　あら、それも好みではない？では、煮汁の材料は水と砂糖、しょうゆ少々で、豆の匂いも残っていますからレバーやイワシなどクセの強い食材を煮るときに使ってはいかがですか？」

……え？　そんなに丁寧に、答えるのかって驚かれます？　そうです。電話やファックス、メールや手紙、ときにはショートメールなども使ってひとりひとりに返事しています。

●元気の秘訣は三度の食事

78歳の私は、正真正銘の後期高齢者。元気いっぱいのつもりでも過信はいけません。２か月に一度はホームドクターのところで検診を受けています。ありがたいことに、目下のところ、問題になる数字はひとつもないということです。

元気の秘訣は？　とよく聞かれますが、３食きちんと食べているということが大きいと思います。朝食は6時半、昼食は午後1時、夕食はその日の仕事によってまちまちですがだいたい夜の7時から9時の間にとっています。主食と主菜と副菜。主食はごはんならお茶碗１杯１５０gを食べます。これでブドウ糖50gをとることができます。特に気をつけているのが朝ごはん。どんなに忙しくても必ず食べます。

久しぶりに子どもたちに会って一緒に食事をすると「ちゃんと食べるんだね」と驚かれるほどです。「細っこいから、食べてないいんじゃないかと思ったよ」ですって。案外しっかり食べるのを見て「エネルギーのムダ遣いだな」なんて言われたりもしています。

確かにここ20年体型はほとんど変わりません。世間で言うダイエットは一切やったことはありません。決まった時間に食べて、決まった時間に出す。朝のお風呂と、体重測定。それだけで自然に体重をキープしています。

間食はしません。

甘いものが嫌いだというわけではないんですよ。新婚時代、夫が仕事帰りにみやげに買ってきてくれるショートケーキを2個、ひとりでペロリと食べていました。今、間食をとらないのは、義歯を入れているからです。

30代後半から顎骨の骨髄炎を患いました。頭に杭を打たれるかのような激痛と高熱、気持ち悪さが絶え間なく続きます。50は病院を訪ねたと思います。いろんな検査を受けましたが、原因が見つからず、治療もできないという状態が続きました。

ようやく原因が判明したのは40代に入ってから。

「20代の頃に受けた親知らずの治療が原因でしょう」とのことでした。

この診断にたどりつくまでに顔面にもメスを入れました。10回の手術を受けて18本を抜歯、骨髄を掻爬(そうは)。自前の歯は、14本になりました。

これは交通事故に遭ったようなもの。

原因が究明されたので、あとは手術をすればＯＫと思いましたが、手術は4年間にわたりました。

夫は会社へ、子どもたちは学校です。ひとりで入院し、ひとりで手術を受けます。全身麻酔から醒めると父が心配そうにのぞきこんでいます。「父さま、大丈夫ですよ。手術は無事終わりました！」と患者の私が伝えているのです。

次々と抜歯してスピーディに手術を終えればよさそうなものですが、一度にすると細菌が血流にのって全身をめぐるおそれがあるのだとか。

4か月をおいて、歯肉が上がってきたら次の入院。それで4年間もかかりました。どちらかといえば上等な食べ物を良しとする環境で成長しましたが、自身の病気の経験で、「汝（なんじ）の食事を薬とし、汝の薬は食事とせよ」――古代ギリシャ医学の父、ヒポクラテスのことばが身にしみます。

「ちゃんと食べ、ちゃんと生きる」。基本の食べ方を自身が学び直した時期でした。噛(か)むことができないときのおいしい食事にとことん詳しくなりました。いわゆる流動食です。

今もそのせいで、何か食べると、入れている義歯の床とあごの間に食べかすが入ります。義歯はどこでも外せるものではありませんから、三度の食事以外の時間には何も食べないようにしています。

今はとにかく「具合が悪い」と感じることがないんです。でも、私だって生身の人間、いつ何が起こるかはわかりません。ひとり暮らしですから、セコムの救急通報サービスを契約していて、眠るときは枕元に通報機を置いて休みます。これで、安心。何か起こったときは、ボタンを押せば、指定の病院に運んでもらえるはずです。

●とにかく歩く、歩く

今、福岡市で暮らしていてとてもよかったと思っているのは、自宅から福岡でいちばんの繁華街である天神まで歩いて行けることです。

帽子をかぶって、お財布などの入ったショルダーバッグは斜めがけにし、肩には空っぽの帆布のバッグをかけて、自宅を出発。

まずは、夫の眠るお寺まで２０００歩。お参りをすませたら、プロ仕様の食料品店まで、１０００歩。そこから今度は高級食品が並ぶデパートまで、さらに１０００歩。

買ったものは肩にかけたバッグにどんどん詰め込んでいきます。最終的には、いつも10kgくらいの重さになる荷物を担いで帰りも同じ道を歩きます。これで、だいたい８０００歩くらいになります。

日によっては銀行に寄ることもあれば、お役所での用事をすませることもあり、そんな日は気づけば１５０００歩くらい歩いていることも。無料でできる自主トレ、と呼んでいます。

だから、私は「高齢者は都心に住むといい！」と皆さんにおすすめしています。歩いていける距離で、ほとんどの用事がすませられるのが都心のよいところです。無理して歩こうと思わなくても、生活の中で自然に歩いている。それが高齢者の健康維持に役立っていると思います。

コロナ禍の自粛期間は、歩く時間や距離がずいぶん減ってしまったのが心配でした。なので、自宅の中でもせっせと動いて歩数を稼ぐようにしていました。

朝の運動としてトランポリンを１００回跳ぶ。
スタジオのある2階で炊いた玄米を小分けにして3階の自宅のキッチンで冷凍するために運ぶとき、一度で運べる量でもわざと2回に分けて運ぶ。
歩数計で測ってみたら、一度目は１３７歩、二度目は１２２歩でした。こんなふうにちまちまと「ムダ歩き」しながらの体力維持です。

●「みんな、どうして疲れるの？」――疲れない理由

先日、雑誌のインタビューがあって、出版社の３人の記者にお会いしました。スケジュールの確認のためにダイアリーを広げたら「えーっ！　こんなにいろいろ入っているんですか？　考えただけで疲れそう」と20代の女性記者がおっしゃるのです。

「え？　想像で疲れるのですか？」とこちらも驚いて尋ねたら、「ええ。今週は金曜日に難しい取材が入っているので、月曜日から仕事をセーブして備えています」と言われて、またまたびっくり。

私の考え方は、まったく違います。エネルギーって上限があるものじゃなくて、使えば使うほど、使った分だけまた入ってくる。毎日フル疾走してめいっぱいエネルギーを使っても、夜眠っている間にリカバリーしていて、朝起きたらまたフルパワー充電完了！　だから、私は「疲れた」と思ったこと

が、ありません。とにかく全力で走るだけ。

筋肉もそうなんですよ。タンパク質をとれば、そのまま筋肉になると思っている人が多いのですが、話はそう簡単なことではありません。筋肉を動かすのは、炭水化物が分解されてできるブドウ糖のエネルギーです。そのエネルギーが筋肉を動かして消耗させるから、使われた分だけ、減ってしまった分だけ新しい筋肉が作られるのです。毎日を生きるためのエネルギーも、それと同じ。全力投球してエネルギーを使い切れば、翌日にはその分またエネルギーが補塡されるというわけです。

今日１日を思いっきり楽しく過ごして、明日につなげる。それだけでOK！

●ちゃんと食べて、ちゃんと生きる

「食べ力®（ぢから）」という言葉を私が初めて公の場で使ったのは、食育基本法が成立するちょうど3年前のことでした。食育基本法というのは2005年に成立した法律です。食育によって国民が生涯にわたって健全な身心を培（つちか）い、豊かな人間性を育むことを目的として制定されました。2002年、全国学校給食協会理事長の細井壮一氏と「食育を考える」というテーマで朝日新聞紙上で対談。熱い想いで語った「食べ力®」という言葉はその後、学校栄養職員の間で流行語となり、全国に広まっていきました。

「食べ力®」というのは、何と何をチョイスして食べれば、自分の身体を健康にすることができるか、ほがらかにくよくよせずに生きることができるかということを考え、実践する力を指します。「栄養バランスのよい食事をとっている人は病気になりにくい。たとえなっても治りが早い」というのは「分子整合栄養療法」の基本ですが、このことを今こそ真剣に考えるときだと感じています。

では、どんなものをチョイスして食べればいいのか？

まずは主食となる米や麺、パンなどの炭水化物です。炭水化物は体内に入るとブドウ糖に分解されて大切な脳を働かせるエネルギーに変わります。脳だけでなく、筋肉を動かすのもブドウ糖です。

次に、身体の組織を作るもとになる肉、魚、卵、大豆製品などのタンパク質。

そして、野菜・芋・海藻や果物。これらは免疫力アップに貢献し、老化の一因とされる活性酸素を減らしてくれるビタミン、ミネラル、ファイトケミカル、食物繊維を多く含んでいます。

「太るから」と思ってごはんを減らす人が多いのですが、ごはんは「米」という粒食。噛んで、唾液と一緒に飲み込んで、胃で消化されて、血液中にブドウ糖として取り込まれてエネルギーになります。エネルギーがコンスタントにゆっくり供給されることがとても大事なんです。だから、一度にドカ食いするのではなく1日3食でバランスよく食べること。

人間の身体は24時間稼働している工場のようなものです。絶えず、燃料となる栄養を「ちょうどよい」量で補給し続けることが大切です。

チーズなどの乳製品も、おすすめです。私はとにかく牛乳やチーズをよく食べます。乳製品に豊富に含まれるタンパク質とカルシウムは身体の骨格作りに欠かせない栄養素であるとともに、カルシウムには精神を安定させるという効用もあります。そして大切なこと。牛乳や乳製品に含まれるラクトフェリンは免疫力アップに貢献するといわれています。

食生活は、精神にも大きく影響するように思います。

「人生は思うようにはいかない」
「いつも前進あるのみ」
「すんだことはクヨクヨしない」
「ひと晩休んだら、イヤなことを忘れる」

というのが私のモットー。これは、ちゃんと食べる生活がベースにあってこそのものだと思います。

第2章

今の私を動かす記憶

●父のこと　母のこと

私が生まれたのは昭和17年（1942年）。日本はまだ戦時中でした。家があった場所は福岡県若松市（現・北九州市若松区）の若戸大橋のたもと。いくつもの裏木戸があり、たくさんの人が出入りしていました。

父方の曽祖父・大島傳七（でんしち）は愛媛県今治市から若松に渡り石炭商として財を成し、廻船業を営む「大島商店」を創立した傑物（けつぶつ）で、作家・火野葦平さんの自伝的小説『花と龍』に出てくる廻船問屋のモデルになった人です。

傳七の養女夫妻である松枝と虎吉の長男が、私の父・大島虎雄です。12歳のときに虎吉が亡くなり、大島商店は解散。そのあと父・虎雄は、6歳年上の姉夫婦とともに所有する財産を切り崩しながらの生活を送りました。

財産には不動産も多く含まれていました。その管理に役立つ知識を得るためもあって、父は慶應義塾大学の経済学部に進みました。子どもの頃から絵を描くのが大好きで、父自身は美校（現・東京芸術大学）で学びたかったようですが「絵描きになるなんて遊び人のすること」と周囲から強く反対されてあきらめたと聞いています。

物静かでダンディな人で、映画『カサブランカ』の主演男優ハンフリー・ボガートに似ていたんですよ。今住んでいる福岡の自宅２階のスタジオに、父が20歳のときに描いた自画像を掛けていますが、なかなかのハンサムボーイです。

母・正子の実家も同じ若松にありました。海運業を営んでいた吉田家の出身です。

母が幼い頃に実母はスペイン風邪で亡くなり、義理の母に育てられました。当時にしては珍しく、子どもたちを男女の別なくみんな大学や女専（女子専門学校）で学ばせるという家風だったそうです。長姉は、長じて『婦人公論』の記者になっています。

父が慶應の学生だった時期に、母は東京の姉の家に寄宿して銀座の洋裁学校に通っていました。父が背広を着こなすモダンボーイなら、母は洋服をさっそうと着こなすモダンガール！　長姉と母が姉妹で銀座を歩くスナップがグラフ誌の表紙を飾ったこともあったほどです。

ある日、銀座でそんなモボとモガのふたりがバッタリ遭遇。幼い頃から互いに顔見知りのふたりですから、親しくなるのも早かったのでしょう。父の大学卒業を待って、結婚しました。地元・若松で行われた結婚式と披露宴は三日三晩続いたそうです。結納として届けられた訪問着などの写真が残っていますが、日本橋の三越百貨店から取り寄せた品々で、絢爛豪華なものです。新居を渋谷の道玄坂に構え、父は有楽町で勤め人になりました。

●海辺の家で一家だんらんの日々

その後、しばらくして東京を引き払って若松に戻った両親は、親から引き継いだ不動産の管理を仕事にしていました。やがて長女・庸子が生まれ、4

（左上）モダンボーイとモダンガールだった両親の結婚式は、三日三晩続いたそうです。（右上）ハンフリー・ボガートのようにハンサムでおしゃれだった父。（右下）長姉と銀座を歩く母。モダンな洋装がよく似合っています。（左下）その写真を父がスケッチしたもの。

年後に私、次女・祥子が生まれました。ただ、この姉は私が生まれて間もなくはしかにかかり、脳膜炎で亡くなりました。

戦争が始まり、父も出征していきました。

私が2歳のときには、現在の福岡県福津市にあった祖父が建てた別荘に祖母、私、使用人で疎開しています。その後妹が生まれ、終戦を迎え、出征していた父が無事戻ってきてくれて、一家そろっての生活が始まりました。

この別荘は、裏の木戸を開けると白砂の海岸。縁の下には釣りに出る小舟があるという造りでした。水着に着替えて縁側から飛び降りたら、そこは海です。夏は宿題をすませたら、日がな一日海に浸かっていましたので、顔も身体も真っ黒！　つやつやのおかっぱ頭にまん丸お目々の女の子でした。

母は、終戦後は、訪問着を米に交換するなどして家族の食糧を確保し、近所の人に頼まれて編み物や洋裁をして、いくばくかの収入を得てもいたようです。
敬虔（けいけん）なクリスチャンとして通っていた教会のバザーに、アメリカから届く援助物資のコットン生地を使って作った花柄のワンピースを出品し、それらを私と妹のために買ってきてくれました。アメリカの衣類からはラベンダーの香りが匂い立っていて、うっとりしたものです。

●幼い頃の「料理事始め」

私の初めてのおつかいは、5歳のときです。母が口頭で伝える材料を覚えて、肉は肉屋さんへ、野菜は八百屋さんへと買い物に行きました。
「牛肉100匁（もんめ）ください」
「じゃがいも3個、にんじん1本ください」
野菜はひとつずつ手に取って、よく見て質のよいものを選んでいたそうで、

「さちこちゃんはしっかりしとらっしゃあ。ものを選んで買いなさる」と、母の耳にも噂が届きました。

当時の家は、勝手口を入ると土間があり、流しの横に大きな水がめがありました。井戸の水をつるべで汲んで、バケツで何度も往復して、水がめがいっぱいになったら、ようやく調理を始めます。

外に七輪を出して、まず小枝を折って入れます。新聞紙を丸めて火をつけ、小枝に火が回ったら炭や炭団(たどん)を足して火を安定させます。

鉄鍋に油を入れて熱し、小麦粉、卵、砂糖と水を混ぜて揚げ菓子らしきものを作ったりしました。レシピなんてありません。適当な「勘」です。七輪に近づきすぎて前髪を焦がしたこともありましたが、いちいち母に報告したりはしません。指で揉(も)みくだいて知らん顔をしてごまかしていました。

戦後の混乱が落ち着いた頃、両親は八幡市(現・北九州市)に画材店を開きました。店の近くの自宅には「お手伝いさん」が通ってきます。中には料理が上手な人もいて、台所に始終入り浸っていた私は教えてもらいました。

行商の魚屋さんから仕入れた魚を下ろしながら、「じょうちゃん、ほら、このサバは新しいから肝がプリッとしてますよ。しょうゆとみりんでサッと煮て食べてごらんなさい。これで元気になりますよ！」なんて、まさに知恵と技術の実地研修。

下ろしたサバは、半分は「ごまサバ」に、残り半分は塩を振って酢で洗って昆布で包んで「しめサバ」に。口伝えで料理を覚えていきました。

この頃の大人は、子どもがすることに必要以上に口出しせずに上手に手を貸してくれたなあと、今振り返ってもありがたく思い出します。

●「食」をめぐる記憶

疎開先の津屋崎（現・福津市）では、おせち料理の代表は「がめ煮」です。

「筑前煮」と混同されることが多いのですが、がめ煮は油で炒めずに出汁で煮ます。材料は鶏肉と根菜。大きく切った大根が入っているのが特徴です。お正月にはどこの家でも、このがめ煮がお重にたっぷり、用意されていました。
晴れ着を着せてもらった子どもが年始の挨拶にまわると、手のひらにがめ煮の中から好きな具をひとつのせてもらって形ばかりのお屠蘇で祝い、お年玉をいただくという流れでした。
「懐かしいわ」と覚えておられる同郷の方もいらっしゃるでしょうか。

新鮮な魚に恵まれた土地で生まれ育ったはずですが、父は牛肉しか食べない人でした。ステーキやビーフシチュー、すき焼きがおかずで、魚料理はもっぱら母と私たちが食べていました。その他にも、私やお手伝いさんが作る「洋食もどき」のもの。食卓にはいつもたくさんの料理が並びました。
父はお酒が飲めない人で、甘いものは大好きでした。お茶の支度はいつも私の役目。高校に入る頃には、シュークリーム、プリン、フルーツケーキ、アップルパイ、ブラウニーなどを自己流で作ったものです。

母の料理の味は思い出せないのですが、忘れられないのは、温かいお弁当の思い出。小学生の頃のことです。ある朝、母も私も寝坊をしてしまって、近所の友だちが「おはよッ！」と迎えに来て、飛び起きました。「とにかく学校へ！」と大急ぎで支度して出かけたものの、当然、お弁当は間に合いません。

３時限目が終わる頃に、教室の窓から外を眺めていると、パラソルをさして弁当箱を手にあぜ道を走ってくる母が見えました。受け取ったお弁当は炊きたてごはんの上に、プレーンオムレツがドンとのっていました。とってもおいしかったのですよ。

●母が教えてくれたこと

母については、若き頃のこんなエピソードが残っています。

戦後、女性にも参政権が与えられるようになって、選挙の立会演説会に出かけたときのことです。話を聞いているさなかに挙手をして立ち上がり、堂々と意見を述べたのだそうです。まわりから「まあ、まあ」と引き留められたそうですが、正しいことは言わずにすまないという性格、キリリと才気煥発（かんぱつ）な母の表情が目に浮かぶようです。

そんな母は、小学生の私をつかまえてよくこう言っていました。

「祥子、チャンスの神様は前髪しかないのよッ！」

当時の私は「前髪しかない神様って、ずいぶん変な神様ね」なんて思っていました。でも今の私の、どんなこともやってみなくてはわからない、やらないで後悔するよりは、やって後悔したほうがよい、そんなふうに考える猪突猛進の性格は母譲りなのかもしれません。

正しいと思ったことは言わずにいられない母ですから、乳母日傘（おんばひがさ）で育てられた父とはよく諍（いさか）いを起こしていました。口論は、食事中でも構わずに始まります。普段はおとなしい父ですが、カッとなると茶碗をバーンと投げる。それをよけた母の指輪にぶつかってパリーン……、そんな場面を今も思い出します。小学校に上がったばかりの私が止めに入ることもしょっちゅうでした。母が「もう、ここには居られません」と家を出ていこうとしたときには、私もランドセルを担いで衣服や本を風呂敷に包んで母の後ろをついていきました。逆に、怒った父がプイッと出ていったときには、一生懸命追いかけて駅までの道を全力で走ったものです。

仲のよいときには、蓄音機で音楽を鳴らして畳の座敷でダンスをしているようなふたりです。今思えば、心配するような話ではなかったのかもしれませんが、男女の機微は、子どもにはわかりません。そんな日々の中で私は「今日が無事に楽しく終わればよしとする」と、子どもながらに達観できるようになっていました。

母は、53歳で亡くなりました。

夫の転勤で東京の杉並区のアパートに引越してすぐ、長女を産んだばかりの私を訪ねて母が福岡から上京しました。「赤ちゃんの顔を見に来たのよ。もうこれで安心！」とたったひと晩だけ泊まってすぐに帰っていきました。ずいぶん細くなっていて、顔色もすぐれないのが気になりました。会社に出勤している夫に父から電話があったそうで、その夜に夫から母が不治の病であることを告げられました。そっと別れを告げに来たのかな……と思うと、今もやるせない思いで胸が痛みます。大好きな、大好きな母でした。

●福岡を終の棲家に

これまで暮らしてきた場所は、東京で30年、福岡で35年、その他で26年……というと、あれ、私の78歳という年齢と計算が合わないですね。このうち20年ほどは、東京・福岡の両方に自宅やスタジオを持って行き来していたので重なっています。結婚してからの引越し回数は、16回。かなり転々としてきたほうでしょう。ただ、どこにいても、住めば都。生活を始めて住人になったときから、その土地で暮らす人になる。この信念は変わりません。

3人の子どもたちが大学進学でみんな家を出て、夫婦ふたり暮らしに戻ったときに社宅を出て、子どもの頃から地縁の深い福岡に自宅兼スタジオを構えました。夫の故郷は四国、香川県高松市ですが、家は兄が継いでいたこともあり、「長女である祥子と結婚したからには菩提寺を守ろう」と福岡に住むことを決めてくれたのです。

とてもありがたく、亡くなった今も深く感謝しています。

●アーモンド料理で、料理研究家デビュー

料理研究家デビューのきっかけとなったカリフォルニアアーモンドの料理

コンテストをめぐる記憶は、いつまでも色あせない、とても嬉しくて幸せなものです。

1974年、32歳のときでした。夫の4年間の大分での勤務が終わり、東京への引越しのための荷造りをしていると、押し入れに突っ込んでおいた電話が鳴りました。アメリカのカリフォルニア州に本社のある、カリフォルニアアーモンドを扱う会社の日本支社長からのものでした。

「最終選考で決勝に残りました。東京の本選に来てください」

なんとラッキーなことでしょう。あと数時間遅かったら、引越し手続きのために電話は通じなくなっていました。東京への引越し作業の真っ最中であることを告げると、支社長から「あなたがグランプリの可能性が高い。優勝すればアメリカに行っていただきます。東京に着いたらすぐに公衆電話で知らせてください」と言われました。

私は子どもの頃からの「コンテスト歴」の持ち主で、小学生ですでに『少女倶楽部』という雑誌の読者コーナーにお菓子のレシピを投稿していました。中学生のときには、サントリーのカクテルコンテストに応募したこともあります。

結婚してからはパン作りにハマり、我が家を訪れるお客様に1斤ずつ焼きたての食パンを出して、ビールの肴にしてもらった時期も。その頃は、月に25kgの小麦粉を使っていました。1973年に「ふっくらパンコンテスト」で入賞も果たしています。アーモンド料理コンテストへの応募は、その翌年でした。「アーモンドで、アメリカ。アメリカでアーモンド。お菓子でなく、料理で……」と呪文のように唱えながらトライした料理でした。

審査委員長は当時の帝国ホテル料理長・村上信夫さん。

「フランス料理を日本の家庭料理に生かすひらめきを感じた。日本の主婦もここまでになったかと、感無量！」

というコメントをいただきました。

表彰式に出席するために、初めてアメリカのカリフォルニアへ。日本を出国した後、まずハワイで1泊してからプロペラ機でアメリカ本土に飛ぶという時代でした。

バークレー、ロサンゼルスと移動し、スーパーマーケットで冷凍食品売り場のケースを見て、たまげました。ピッツァ、ブラウニー、アップルパイ、ハンバーグ、ローストチキン、ローストビーフ、アイスクリーム……と、多種多様なレパートリーの料理やデザート！　全部購入して持ち帰りたいと思ったものです。

この受賞がきっかけとなって、料理研究家としての道が拓（ひら）けました。多くのメディアから声がかかり、一気に仕事が増えました。とはいえ主婦業、そして母親としての役割もこなさねばなりません。フルパワー・フル回転の毎日が始まりました。

●人生のターニングポイント

活動の幅が広がり、メディアからは引っ張りだこ。忙しくも楽しく充実した日々が続きました。アーモンドの料理コンテストで優勝してから4年が過ぎ、私は36歳。子どもたちは、上のふたりは私立の中学校に通い、末っ子は小学生になっていました。

そんなある日、夫に転勤の辞令が出ました。行先は北九州市の八幡です。受験をして私立中学校に入り、東京暮らしを楽しんでいた子どもたちは「引越したくない」と猛反発。

だけど、私は「お父さんをひとりで働かせて、私たちだけで東京生活をエンジョイするなんてとんでもない！」と一喝。一家で引越しすることを宣言しました。

もめごと続きで挙句の果てには父が家を出て別の人と暮らすというような時期もあった両親を見て育っていたこともあり、結婚したときに「一生、添い遂げる」「地の果てまでもついていく」と決めていました。
東京でのメディアの仕事は、このとき、いったんすべてを手放しました。
今思えば、この決断がターニングポイントになりました。人生を俯瞰(ふかん)して眺め、考えるきっかけとなったのです。仕事に追われなくなったので、勉強する時間ができたことも大きかったと思います。
いつかまたメディアに復帰して「ちゃんと食べて、ちゃんと生きる」を多くの方に伝えたいと思っていました。そのためには、何が必要なのか。料理を「早い、うまい、簡単」ということで教えるだけでは、裾野は広がりません。大切なのは、栄養学や生理学の観点からわかりやすく解説し、おいしい一品に仕上げる力だと悟りました。
「もう1回、勉強しよう」

そう決めた私は、すぐさま母校の福岡女子大学の門を叩きました。10年後輩の早渕仁美先生が助教授として着任したばかりで、無給の研究員としてお世話になることが決まりました。

時代に後れを取らないために、襟を正す思いで栄養学、生理学、無機化学などの勉強をやり直しです。それまでの仕事を見直し、修正も加えながら資料として整理するという作業も始めました。

●電子レンジで料理する！という「ひらめき」

研究員として勉強を続けて42歳になったとき、調理学実習講座の非常勤講師になりました。1年後、栄養指導実習の講座担当になりました。当時は糖尿病の予防改善が注目を集めていて、厚生省や農林水産省の指導で「1日30品目プロジェクト」が展開されていました。1日に30品目を調理する方法を広めるための講演会が各地で開かれて、私も招かれて講演をしました。

そのときの講演テキストが手もとに残っていますが、表題は「家族の食事は主婦の手で」。でも、1日に3回の食事を作るとして、1回あたり10の食品を使い、次の食事はまったく別の10の食品で……なんて、とうてい無理な話です。要するに、栄養バランスのよい食事をとろうということです。

また、糖尿病治療食では摂取カロリーの制限があります。とはいえ、カロリーを気にするあまりスプレーした油で魚をソテーしたり、揚げ物もどきのものを作ったりしてみても「おいしい」料理にはなりません。このとき、ふと、バランスよく肉も魚も野菜も食べて、おいしく、かつカロリーを抑えるためには「電子レンジを使えばよいのではないか！」とひらめきました。

早速電子レンジを購入して大学へ運び、耐熱ボウルもそろえました。

その頃受け持っていた学生数は、1学年25名。エビチリ、回鍋肉、肉じゃが、チキンカレー、ミートソースなどの定番料理を作って食べさせると、みんな口をそろえて「おいしい！」と。

フライパンで作ると１人分大さじ１～２杯の油（１０８～２１６kcal）が必要ですが、電子レンジの場合は香りやつやが出るように加えるだけなので、小さじ1杯（36kcal）で十分。１回の食事で１００～１５０kcalくらいダウンできるので、１日で３００～４５０kcalを減らすことができます。

これが、「電子レンジの使い手、村上祥子」の第一歩でした。

後になって振り返ると、「なぜ、あそこまでのぼせ上がっていたのだろう!?」と我ながら不思議に思うこともたくさんありますが、いつも、その時々は無我夢中。

『電子レンジに夢中』（講談社）という本を作ったときもそうでした。ちょうど私が東京－福岡間を飛び始めたときです。当初は普通の料理本の企画があったのですが、出版局長の一存でそれは中止。というのも、局長は当時西日本新聞に連載していた「電子レンジで祥子流」というコラムを読んでいらして、電子レンジを使ったごく普通の家庭料理、しかも1人分の簡単調理というのに強い魅力を感じてくださっていたのです。これからは「個食」の時代に向かう、という読みもあったようです。

「『電子レンジに夢中』を作りましょう。これは石油の鉱脈を掘り当てたようなことになりますよ！」

なんて言われたものですから、気分はもう、すっかり石油王！　スタジオに戻ったらすぐに書きかけていた原稿用紙をポイッと捨てて、新しい本にとりかかりました。

自分の仕事に舞い上がる、ぞっこん惚れる。寝ても覚めても電子レンジ料理の日々に突入です。

1999年に出版された『電子レンジに夢中』は読みが当たって大ヒット。主婦が働く時代に先駆けて、電子レンジを駆使した「時短」かつ「おいしい」料理を次々に発表し、一気にメジャーの料理研究家になっていきました。その後は料理だけでなく、お菓子やパンの本のオファーも殺到して、すさまじい点数の料理本を世に送り出していくことになりました。

それから、20年という時間が流れました。

この間に、電子レンジに対する人々の意識はずいぶん変わりました。「手抜き」「おいしくない」と作り手やレンジ料理を否定するような風潮があったり、「電磁波が身体に悪い」と濡れ衣を着せられたりした時期もあったのですが、さすがに今ではそんなことを言う人はほとんどいません。コンビニやスーパーマーケットに購入したお惣菜を温めるための電子レンジが置かれている時代です。電子レンジに対する抵抗感はほぼ消えました。

これからは、安全で簡単に調理ができる道具として、シニア世代にとっての「なくてはならない」存在になっていくことでしょう。

第3章

やめたこと　始めたこと

●夫・啓助からの手紙

2015年の6月に、西麻布スタジオを閉鎖することを決めて20年の歴史に幕を下ろしました。マスメディアの潮目が変わり始めている気配を感じていたこともあり、「今」の日本に合った「食べ力®」について改めてじっくり考えてみようと思ったからです。

東京での仕事に未練がなかったと言えばうそになりますが、どんなこともいったんご破算にしないと、見えてこないものがある。これは、夫に転勤の辞令が出るたびに、それまでの生活を白紙に戻して一家をあげて新しい環境に飛び込んでいった経験から私が得た悟りです。

夫が亡くなった翌年のことでした。

ここに、夫が亡くなる3年前に私あてに書いた手紙があります。

「祥子さんへ

仕事をすることは厳しいことではありますが、人生の生き甲斐でもありま す。自分のやりたいことができました。多くの人から称賛を受けました。世の中には、自分を頼りにしている人たちがたくさんいることがわかりました。ムラカミアソシエーツは株式会社ですが、うちの場合は家計を2つに分割したようなもので、そのうち株式会社の部分が赤字になりました。その分、家計（会社以外の部分）は黒字でした。

ただ、それだけのことです。

健康に留意して、自分がやりたいと思う人生を送ってください。私もおかげで忙しく働いて、遊んで、生活しています。去年思わぬ病気をしましたが、同年齢のものの中でも、たいへん元気なほうです」

夫はこのような考えの持ち主でしたので、もしまだ生きていて相談したとしたら「仕事は君の生き甲斐だから、赤字になっても西麻布のスタジオは持っていればよい」と言ってくれたと思います。私自身、「食の仕事はボランティア」だと思って突き進んでもきました。ただ、やりたいことを続けていくためには、ほんの少しでもいいから黒字にならなければなりません。西麻布の賃料、維持費、人件費はかなりの高額です。スタジオを畳めば、今後は私ひとり分の福岡からの飛行機代とホテル代だけですみます。
また、お金の問題だけでなく、私を世に送り出してくださった福岡の皆さんへの恩返しをするときが来たというふうにも感じたのです。

決断したら、善は急げ！です。

スタジオ内はさんざん改造していましたから、原状回復はかなり大がかりなものとなりました。新築のように戻して、大家さんに返却。その引き渡しの日には、20年のつきあいだった内装工事会社の社長さんに「これでお別れと思うと寂しい」と泣かれました。

でも、そのときにはもう、私の心は福岡で新しく始めることへの期待とワクワクでいっぱいだったのです。

●電子レンジ20台！　シニア料理実習教室、始めました

西麻布のスタジオで使っていた電子レンジはすべて福岡へ。福岡の分と合わせて20台です。シニアを対象にした「簡単でおいしい料理」をマンツーマンで教える教室を開きたいという構想を思い描いていました。

食べ方次第で健康度は決まるのですが、それに気づいている人はまだ多くありません。

シニアの方は、テレビや雑誌、あるいは口コミなどで「○○が身体にいい」と聞くと、そればっかりに固執してたくさんとりすぎる傾向があります。これからもう成長するわけじゃないからと、タンパク質の肉や魚をあまり食べない人もいます。また、ひとり暮らしの方は、食事のタイミングが不規則になりがちです。友だちからの長電話で昼食を食べるのが遅くなったり1回

飛ばしたりという経験、身に覚えのある方も多いのではありませんか。
そもそも、食べることへの興味を失って、毎食同じようなものを食べ続けたり、買ってきたお惣菜だけですませたりということも増えていくようです。

そんなシニアの方たちに電子レンジを使って「自立したシニアでいるための料理」を教えたいと思ったのです。

最初は、福岡のスタジオに調理台、流し、コンロを備えた実習台を5台設置して、4人1組の実習形式で始めました。小中学校で行う調理実習のようなスタイルです。ところが、この形でやると、グループの中で力関係が生まれることに気づきました。声が小さくて割を食う人は、気づけばいつも洗い物ばかり。これでは思い描いていた目標を達成できません。

そこで、各自、自分の分を自分で作るスタイルに変更。電子レンジ20台を同時に使ってもブレーカーが落ちないように200Vの動力線も引きました。

シニアの料理実習教室用に、各々が使えるよう、20台の電子レンジをそろえ、ブレーカーが落ちないよう200Vの動力線も引きました。あるテレビ番組に出演したとき、「たくさん並べた写真が欲しい」と言われて撮ったのがこの1枚。実際の教室では、各テーブルに配置します。

シニアといっても、生徒さんは私より若い人ばかりです。それでも、2時間のレッスンの間、ずっと立ちっぱなしというのは難しい。体力がもちません。材料を切るのも混ぜるのも、椅子に腰かけてやってもらいます。鍋・食器の後片づけは不要。私とスタッフが引き受けます。その分、「ひとりひとりが自分でしっかり食べるために作る」ことに集中してもらいます。それこそが、他人に迷惑をかけず、医療の世話にならないための最良の道と考えたからです。

教室でのメニューは「簡単」に徹します。

「電子レンジ料理は600Wで100gにつき2分！」

これだけを教えて、スタートです。

すぐに皆さんの食卓の定番人気料理になったのは、〈キャベツのわかめサラダ〉です。

〈キャベツのわかめサラダの作り方〉

ザクザク切ったキャベツ300gを電子レンジ600Wで6分加熱。コンビニなどで売っているわかめスープ1袋（6.7g）とごま油・酢を各大さじ1加えて混ぜる。

これだけです。簡単でしょう。しかもとってもおいしいので、どなたもやみつきになります。

「にんたまジャム®」（作り方は２３７ページ）、「レモン酢」、「自家製甘酒（作り方は２３５ページ）」などの健康食品もメニューに組み込みます。回を重ねるうちに、どれも自分のものになっていき、自宅での料理の栄養バランスが整って、どなたも、どんどん元気になっていきます。

教室の最後には、参加した皆さんにアンケートの記入をお願いしています。「次に教えてほしいメニュー」という項目もあり、その答えから次回のメニューを決めることも多いのです。鶏ハム（作り方は２２９ページ）、かしわめし、ビーフステーキなど、数々のリクエストに応えてきました。

「早・うま・簡単」にプラス「意表をつく」作り方。「びっくり‼」というのは、何かを学ぶときにはとても大切なポイントなのです。

福岡への恩返しにと始めたシニアのための実習教室ですが、人生１００年時代の到来で、私の取り組みが社会のニーズにピタッとハマったのでしょうか。東京からの仕事依頼が再び入るようになり、打ち合わせや撮影でたびたび空を飛ぶことになりました。

●幼稚園への〝おしかけ〟出張食育授業

西麻布のスタジオを畳んだ際に不要となった冷凍冷蔵庫や調理器具、オーブンレンジなどを眺めて「なんとか役立てる方法はないかしら」と考えていたとき、ピンとひらめいたことがありました。

福岡県久留米市にある〈だいぜんじ幼稚園〉に食育講演会に招かれてお話ししたのは、スタジオを畳む少し前のことでした。大善寺というお寺が営まれているだいぜんじ幼稚園は、田んぼに囲まれたのどかな田園風景の中にあります。講演会のテーマは「これから大事にしていきたい食育――日本古来の食事作りの知恵を工夫の中で伝えて」。そのときの保護者の熱意や反応などが心に残っていました。

東京や福岡でも、3歳の子ども向けの「ミニシェフクラブ」という活動は2000年から行っていましたが、そこに参加する方たちは都市型ファミリーに偏ります。日本のどこにでもある地方都市で、幼児の食育をやってみたいという気持ちが前からありました。

思い立ったら即行動、がモットー。早速、だいぜんじ幼稚園の副園長先生（ご住職の奥様で村上祥子料理教室の生徒さん）に電話で相談をしました。

「食育は道具の数が勝負です。冷凍冷蔵庫やオーブンレンジなどをもらってもらえませんか？　そして、親子料理教室に、私が講師でうかがいたいのです！」

以来、年に3回のペースで続けています。

幼稚園だけでなく、小学校でお話しする機会もあります。そんなときには、未来を担う子どもたちにこんなふうに語りかけます。

「ちゃんと食べてちゃんと生きるために、『食べ力®』を皆さんにあげたいと思います」

私たちが食事をとるのは命の流れを止めないためです。身体の中には、絶え間ない合成と分解のサイクルが流れています。ちゃんと食べているからこそ、毎日学校に行って、遊んだり勉強したりできるのです。

学校給食には「黄・緑・赤」のグループという考え方があります。黄色はごはん、パン、パスタ、うどん、そばなどの炭水化物、緑は野菜、果物、海藻など、赤は肉、魚、卵、大豆、豆腐、乳製品などです。バランスよく「黄・緑・赤」を食べる『和食：日本人の伝統的な食文化』は2013年にユネスコの無形文化遺産にも登録されて、健康的なおいしい食事というお墨付きをいただいております。この食べ方を一生続けることで、将来、どこの国に行っても、どんな仕事についても、健康に生きていくことができます。

読者の皆さんのまわりに幼いお子さんがいらっしゃったら、ぜひ「食べ力®」がつくように、教えてあげてくださいね。

●集めた資料50万点を母校に寄贈

20代の後半から、家族のために、自分のために、そしてレシピをお届けする読者や教室の生徒さんのために、毎日「おいしく作る」ための工夫を重ねてきました。その甲斐あって、実生活から生まれたレシピやアイデアは、数えきれないほどの量になっていました。

とにかく、私はメモ魔で切り抜き魔。

料理研究家になろうと思ったとき、食に関する限りは自分の好みは脇に置いてどんな情報も取り込んでいこうと決めました。それ以来、食べ物に関することなら何でも、新聞記事、広告欄、週刊誌の投稿、月刊誌の有名人の対談に出てくるおいしい店の話題、紀行文に出てくる食の話、経済紙の農作物の収穫高表や栄養学会の報告書まで集めに集めました。50年経って気がつけば、それらがコクヨのバインダーで２５００冊、数にして50万点という膨大な数になっていました。

西麻布のスタジオから福岡に運び、火災保険の代理店の方に、気になって尋ねました。「この資料に保険はかかっていますか?」。返事は「いいえ」。まったくかかっていないということを知りました。それまでの度重なる引越しで、一度も火災に遭わなくて、本当によかった!　だけど、今後は?と考えると、私もすでに70歳を過ぎています。先のことを考えて中締めを決心。

そこで、母校の福岡女子大学の理事長兼学長の梶山千里先生に相談。すべての資料が、文部科学省の日本食品標準成分表の食品コードに合わせて整理されていること、料理研究家として、また大学の非常勤講師としての、50年にわたる研究の集大成であることを伝えました。

先生からは「資料として唯一無二」との評価を頂戴し、理事会に諮(はか)っていただきました。理事会のメンバーが何回かに分けて実際に資料の閲覧にお出かけくださり、結果、2023年の開学100周年記念行事として設立予定の国際フードスタディセンターへの寄贈が決まりました。

まる1年かけて、スタッフの手を借りながらすべての資料の目録を作り、4トントラック2台で搬入。書架に並べるために、私とスタッフ2名の総勢3名でまる2日かかりました。

大変な作業の甲斐あって、2016年4月には〈村上祥子料理研究資料文庫〉が開設、その後2019年までに電子化も完了しています。2023年からは外部からの検索も可能になり、国際フードスタディセンターの柱となる予定です。

そして、その後も毎日のようにレシピが生まれます。もちろん、相変わらずのメモ魔・切り抜き魔。またまたコクヨのバインダーが復活！　現在までに、新たに960冊が増えました。

●シニアになったら「断捨離」ではなく「好きなものをピックアップ」

私は母や姑は早くに亡くしましたが、父と舅は長生きしましたので間近に暮らしぶりを見てきました。そのときに気づいたことですが、高齢期も後半になると、たくさんの部屋があっても、それを使い分けることはなくなるようです。

食事もお客様との対応も、ひとつの部屋ですませていました。応接間があっても、使うことはありません。夏になってもガスストーブが置かれたまま、という有様です。最終的にはキッチンとの境のドアを取り払ってリビングキッチンにして、そこで食事もすればテレビも見る。トイレやお風呂を別にすれば、寝るとき以外は終日そのひと部屋で過ごしていました。

いつだったか、実家で探し物があって普段は使われていない2階に上がりました。私と妹の部屋だったスペース（しばらくは新婚の妹夫婦が生活したところ）には、書籍や到来物の箱が積み上げられていました。客用布団も折り重なるように積んでありました。「処分する」「手放す」という考えはないようです。

本物のシニアになったら、断捨離にエネルギーを使うことは、まず、できません。体力があるうちにできるだけ整理することです。大きな家具は「欲しい」という方が現れたらしめたもの。どうぞどうぞ、と差し上げます。

「買ったときはいくらだった」などと惜しんでいる場合じゃありません。お金を支払ったのは、過去のこと。今、喜んでいただけるなら何よりです。ただ、こちらからの一方的な想いで押しつけることは禁物です。「これはとても上等なものだから」というのは、こちらの勝手な都合。相手が本心から欲しがっているかどうかだけが大切です。私自身も、息子のところにどうかしらと思うものがあった場合は、必ずお嫁さんと一緒に見に来てもらってホンネで選んでもらいます。そういうことができるのも、私の経験では60代半ばまでですね。残ってしまったものは放っておくしかありません。いつか、好意ある誰かが、きっと片づけてくれます。

私が今暮らしているリビングキッチンは夫とふたりの生活になったとき、2007年に改築したものです。夫亡き後、クローゼットの夫の背広やゴルフクラブや靴、バッグなどは、海外に衣類援助している団体に送料をつけて送りました。今は私の気に入りのものだけで暮らしています。

あるとき、料理教室の生徒さんが私のプライベートスペースを見て、おっしゃいました。

「ああ、人生ってこれでいいんだ！」

●物を持ちすぎない暮らしを実践

1日の時間は限られています。私は今も、とにかく精いっぱい仕事がしたいので、家の中の物の整理に時間を取られるのはもったいないと思ってしまいます。

たとえば食器は、２個ずつにしました。来客用のセットはありません。息子たちが家族で遊びに来るときなどは、バラバラの食器をかき集めて食事をしています。なければないで、なんとかなるものです。ちょっとはずんできばって、一緒に外食に出かけることもあります。外での食事は、料理を待つ間、楽しく会話が弾みます。

洋服は、オールシーズンすべての服をステンレススチールのバーにかけて並べています。ベルトは壁に打った釘に。夏冬の衣更え（ころもがえ）はしません。ジャケット、スカート、ブラウスに喪服やオーバーコート、レインコートも入れて全部で30着。その他に、ストールやスカーフが10枚、帽子が８個、バッグは３個、靴はぺたんこのもの、ヒールのあるもの、ブーツも合わせて５足です。気に入ったものはセーターもパジャマも繕って着ています。

洋服もバッグも靴も、色は基本的に黒。アクセサリーはパールとプラチナのチョーカー、金のブレスレットと時計がひとつずつ。東京‐福岡間を週に二度も三度も往復する生活を始めた50代の頃から今のスタイルになりました。祝儀だけでなく不祝儀の場も増えました。お悔やみのときはどこにいても駆けつけられるように黒一色でそろえました。変化を楽しむためにはスカーフやベルト、帽子を活用します。

日本には着物の文化があって、帯や帯揚げ、帯締めや半襟などの小物で華やかにもシックにも自由自在に装いを作り上げていきます。そのセンスを洋服に取り入れます。

休日の日曜日には、床に洋服を広げて組み合わせを考えます。サマーウールのジャケットとパンツ。中にはコットンのノースリーブのシャツを。黒ベルトをキュッと締めてもいいし、セーターはスカートの中に入れるか外に出すか……。帽子などの小物も合わせれば、バリエーションはいくらでも広がります。

そうそう、私の服選びには忘れてはいけない大事なポイントがひとつあります。それは、エプロンをかけて自由に動き回れるか？ということです。エプロンは、私の制服。エプロン姿になったときに違和感がないこと、清潔感があること。ショップでどんなに「お似合いですよ」とすすめられても、この条件に当てはまらなければ、購入することはありません。

●捨てたくないものだってある

誰だって、捨てたくないものはありますね。長く生きてきた分、それがたくさんあっても仕方がないことだと思います。捨てたくないものは、自分が生きている間は捨てない。それでいいんじゃないでしょうか。

私の場合、それは「手紙」です。

今ではプライベートなやりとりもパソコンやスマートフォンのメールが増えましたが、２０００年くらいまでは手紙や葉書が多かったのです。「郵便局の隣にお住まいですか?」なんて尋ねられるくらい、たくさんの手紙を私も書いていましたし、返事もたくさんいただきました。

ふと気になって、調べてみたら、１冊に２００枚の便箋が綴(と)じられるバインダーが43冊ありました。計算すると、８６００枚の手紙ということになります。いちばん古い日付のものは、昭和39年。これ以外に、父が私の子どもたちに送ってくれた「孫たちへの絵手紙」は、別の台紙に貼ってしまってあります。

バインダーを開いてみると、夫の啓助が彼の母親を岡山大学病院に見舞った後で届いたお礼の葉書が目に入りました。母が妹の縁談のことで私に相談した手紙、結婚後に実家の2階に住んでいた妹からの手紙、私が夫に送った手紙もあります。読んでいるうちに、丁寧に暮らしていた時代の様子がありありと浮かんできます。

今後、私に何かあったときには、全部処分するようにと息子たちには伝えていますが、今のところは、私の大切な「宝物」。絶対に捨てたくないもののトップです。

その他、娘が小さかった頃に作ってくれたマスコット、教え子や友人からもらったグラスやぐいのみ、孫の描いた絵なども捨てられません。

コクヨのファイルが料理研究家のキャリアを支えてくれました。現在も愛用しています

1冊に200枚を綴じられるコクヨのバインダー（現在は廃番）を見つけたときは、いいものを発見！と興奮しました。料理の仕事には、レシピや資料の整理が大切だと感じていたからです。安価ではなかったのですが、少しずつ買いそろえていきました。カバーは木の芯に布張りで、何度出し入れしてもビクともしません。この写真は、北九州の社宅です。台所の壁にファイルを並べて、私の仕事場にしていました。

1996年から2015年までは、西麻布にスタジオを構えていました。切り抜き魔の私は、食べ物に関することなら、何でも取っておいてファイリング。壁一面に並べたファイルは、訪れる方が必ず足をとめる迫力でした。こうやって並べておくと、必要に応じてすぐ取りだせる実用性もありました。

福岡の自宅２階にあるキッチンスタジオの打ち合わせコーナーです。この春、コロナ禍で家にいる時間がたっぷりあったので、３階のプライベートスペースから移動しました。模様替えをするのが好きです。最近の仕事の資料、メールのやりとりはプリントして案件ごとにまとめてあります。

気になった情報、写真はとっておき、頭に浮かんだことは付箋で残します

ファッションで気になった切り抜きは、クローゼット横の壁に留めます。右は、JALの機内誌で見つけたミキモトとコム デ ギャルソンのコラボ広告。大胆なパールの合わせ方に感服。左2点のモデル写真はシルエットが美しいなぁ、と思って。左上は娘が子どもの頃に作ってくれたマスコットです。

目に留まって気になったものはなんでもとっておきます。右の「キャベジンコーワα」の広告は、効能を説明する文章が上手で勉強になります。奥は、付箋に頭に浮かんだことを書き留めて、1枚の紙に貼ったもの。左のかごの中は、料理教室の生徒さんからいただいた葉書です。近況や料理を作った感想など、参考になることが多いのです。

第4章

すべてが見える！
シンプルキッチンのすすめ

●「リビング＋キッチン」の広さは6畳

かつて日本には「隠居」という理想的な老後の過ごし方がありました。年老いて体力の衰えを感じたら、長男に家督を譲って第一線から引退。仕事だけでなく身の回りの世話なども若い世代にまかせて、後は悠々自適に趣味のことなどしながら過ごします。そんな「ご隠居さん」と呼ばれる人たちが、男女を問わず近所に何人もいらっしゃいました。

でも、今はそうはいきません。子どもたちは大きくなると家を出て、残るはシニアばかり。家事も仕事も、身体が動く限りは自分でするしかありません。

私もそうです。3人の子どもたちは大学進学を機に次々と家を出て、その後社会人になり、今ではそれぞれの暮らしを営んでいます。にぎやかだった5人家族が、気がつけば、夫婦ふたりになっていました。

人数が減ったからといって、食パンをナイフで切るように家をカットすることはできません。夫とふたりになったとき、娘の部屋だった6畳間をリビングキッチンに改装しました。夫が亡くなった今も住んでいる、福岡の自宅の床面積は全体では165㎡くらいですが、私がプライベートの時間を過ごすのは6畳スペースのリビングキッチン。仏壇もこの部屋に移し、朝な夕なにごはんやお茶、菓子をお供えして「チン！」と鳴らして手を合わせています。

シニアだけの暮らしになって大きく変わることのひとつが、日々の食事です。子どもたちが食べる分も含めて家族みんなの食事を作っていた頃の感覚でいると、ついつい作りすぎてしまいます。それではいけないと、分量を減らして作ってみると、なんだか勝手が違って味が決まらない。薄いからと調味料を足したり、入れすぎて水で薄めたり。それでもうまく仕上がらなくてがっかり、なんてことを繰り返します。

歳をとると、買い物が面倒、料理が面倒、そのうち「食べることさえ面倒になってきたわ」と言いだす友人たちもいます。いえいえ、それはなりません。ちゃんと食べることは、ちゃんと生きること。それをしっかり支えてくれるのが「食べ力®」です。

誰も見ていなくても、「おひとりさまごはん」が〝ちゃんと〟できていること。それが、いくつになっても人間らしい自分を確立するための必須条件です。仲良しの元社員のやっちゃんからショートメールが届きました。彼女の職場（調剤薬局）では「食べ力®」がちょっとした流行語になっているとか。「何はともあれ、しっかり食べているせいか、休みなく働けています。コロナの長期戦には、ちゃんとが必要。気をつけます」

●キッチンを「とにかくシンプル」に！

「人生は探しものの時間がないと3倍有効に使える」と言った人がいますが、台所仕事もまさしくそうです。なんでもしまいこんでしまって、「あれどこだったかしら」とあちこちの扉を開けたり引き出しの中をのぞいたり。高いところにしまったものは、椅子を持ってきて、のぼって取り出す。棚の奥のほうに置いてあるものを取り出すために手前のものを出して、またしまう。そんなことをしていたら疲れるばかりで、台所に立つこと自体がおっくうになってしまいます。私のような料理好きでも、面倒になって料理をやらなくなるかもしれません。

シニアになったら、これまで以上に自分を大切にしなくてはいけません。自分を困らせないように、シンプルキッチンに変えてはどうですか。

シンプルキッチンは「見える」キッチンです。自分にとって絶対に必要なものだけがある、潔いキッチン。作り上げるためのお金はほとんどかかりません。ただ、「何が必要か」を選ぶことは、とても根気のいる作業です。できれば、体力も気力も充実しているときに始めるといいですね。私のシンプルキッチンは、夫とふたり暮らしになった２００７年、65歳のときに作りました。いろんなアイデアが詰まった理想のキッチンです。

ふたり暮らしになったとき、同じ自宅の中で居住スペースを縮小しました

115ページの左上の角、娘の部屋だったところをリビングキッチンに改装しました。
右上のトランポリンを置いたスペースで、夜は布団を敷いて寝ています。
かつてのLDKだったところは片づけて、今は使用していません。

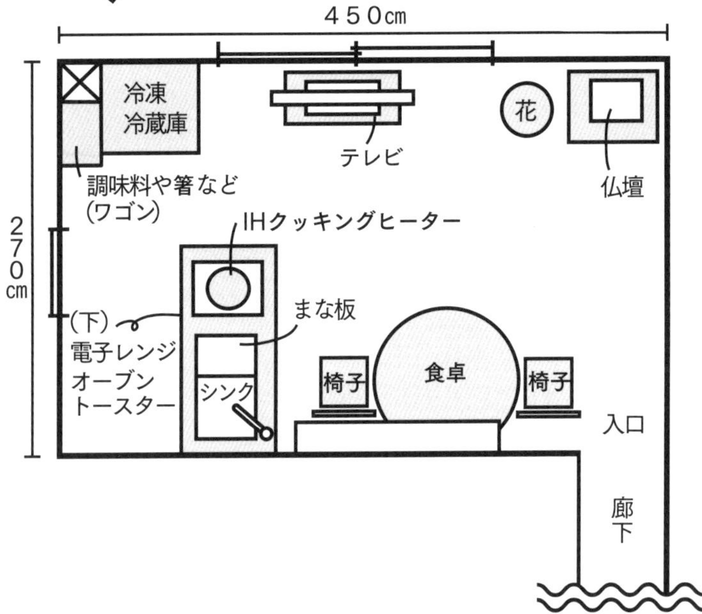

娘の部屋だったところを改装したリビングキッチン（約6畳）

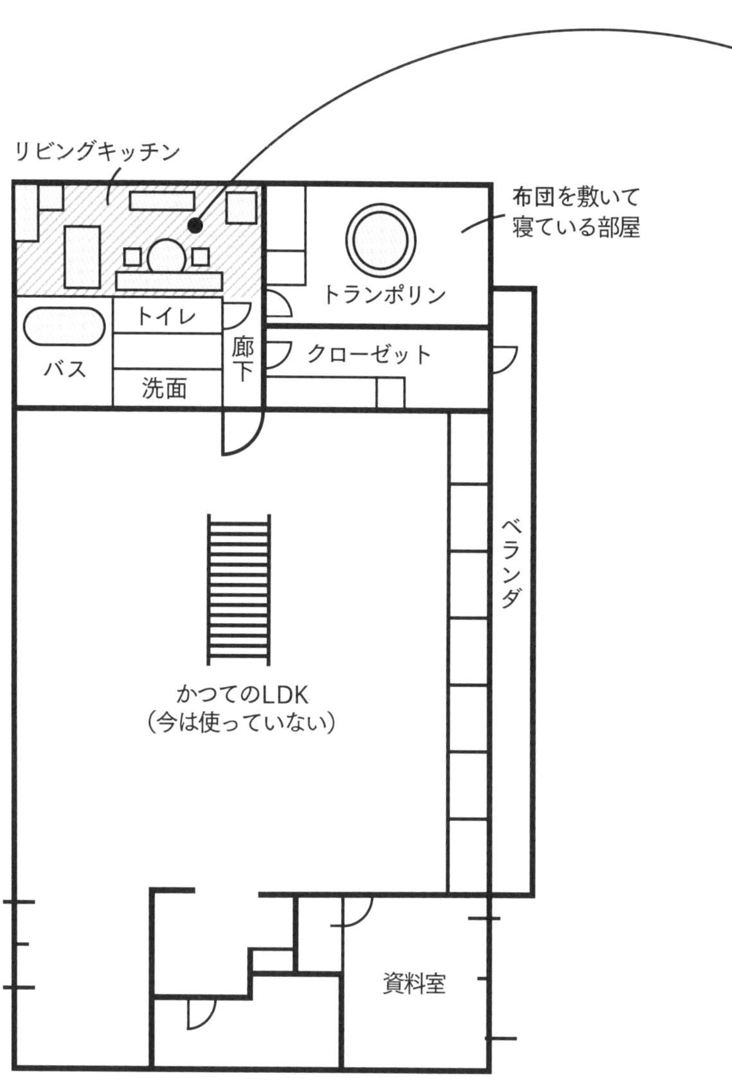
リビングキッチン
布団を敷いて
寝ている部屋
トランポリン
トイレ
バス
洗面
廊下
クローゼット
ベランダ
かつてのLDK
（今は使っていない）
資料室

〔キッチンにあるもの〕

食器棚

棚板は2段。工務店に取りつけてもらいました。ペンキは好きなアイリッシュグリーンに。ペンキ屋さんに頼みました。棚板の下にフックをつけて、マグカップと計量カップ（500㎖）を掛けています。

食器は2個ずつ

小鉢・豆皿・洋皿・ワイングラス・タンブラー。

これだけで、ごはん・汁物・焼き物・揚げ物・煮物・和え物・サラダ・デザートをまかないます。割れたり欠けたりしたら、その分を補充。模様が違っても気にしません。

対面式キッチンカウンター

シンクは大きめサイズ（幅70㎝×奥行56㎝）。

横にまな板兼作業台があります。
シンクの排水口は、夕ごはんが終わったら外して洗います。
シンクは片づけ物のいちばん最後に、食器を拭いたタオルで拭いて、タオルは洗濯機へ。
コンロはＩＨクッキングヒーター（１００Ｖ）がひとつだけです。
これで、煮る・蒸す・炊く・炒める・揚げるがすべてＯＫ。

冷凍冷蔵庫

ひとり暮らしなら、コンパクトサイズで十分です（冷蔵庫の内容積88ℓ、冷凍庫の内容積46ℓの合計１３４ℓ）。
高さが１１３㎝と低いのがポイント。冷蔵庫の上のスペースを活用できます。

洗いかご

夫とふたりのときは使っていましたが、今は使いません。

ひとり分なら食器や鍋の数も知れたものです。洗ったら、拭く。はい、おしまい。

ふた付きの樹脂容器などは、冷蔵庫の上に置いて自然乾燥させます。

電子レンジ

20年間使用した電子レンジが故障したので、収納スペースに合わせて購入。オーブンレンジですが、電子レンジ専用として使っています（オーブン機能を使うと庫内が高温になるため、マグネトロン〔磁電管〕の出力が落ちてしまいます）。

オーブントースター

オーブンの代わりは、これで十分。ピザやグラタン、レモンケーキも焼けます。トーストはもちろん、魚焼きグリルとしても使います。

ステンレスワゴン（キャスター付き）

冷蔵庫と壁の隙間に置いて、使うときだけ引き出します。箸・カトラリー・しゃもじ・泡だて器や、しょうゆ・ソース・塩・砂糖・酢・みりん・オリーブオイルなどの調味料、紅茶のティーバッグなどはここに。

ゴミ入れ

小さいのがひとつ、大きいのがひとつ。

小さいほうは生ゴミ専用。野菜の皮やヘタは、むきながら直接入れます。

大きいほうは、ドライの可燃ゴミ専用。新聞紙や包装紙などもこちらに入れます。

1日に1回、1階のゴミ置き場に運びます。

キッチンで目立つ大きなものはこれくらいでしょうか。次に、細かい道具などもご紹介しますね。

包丁類

料理とは「切る」ことにあり！です。

包丁・ペティナイフ・キッチンばさみ・ピーラー・おろしがねを各1つ。ピーラーはひとり暮らしのお助けグッズ！　まだ使ったことのない方はぜひ使ってみてくださいね。

まな板

シンクにセットされたものの他に、木製のまな板を使っています。縦30㎝×横21㎝。取っ手付きで持ち運びが便利です。考えてみたら、50年前に六本木にあったスウェーデンセンターで購入したものです。パンや野菜を切るときのチョイ使い用です。

鍋

入れ子タイプの両手鍋（大2.5ℓ・中2ℓ・小1ℓ）のセット（ビタクラフト社）・片手鍋（直径16㎝×深さ7㎝、容量1ℓ）（柳宗理デザイン事務所）。

フライパン

大小1つずつ、どちらもフッ素樹脂加工（大は直径25㎝・小は直径20㎝）。

はかり

「1人分」の目分量は案外難しいものです。勘に頼らず、毎回測ります。
ごはんを冷凍するときも、きっちり150gで1パック。食べ不足・食べ過ぎを防ぎます。

タイマー

加熱も冷却も、勘に頼らずタイマーを使用。
タイマーをセットすれば、ピピッと鳴って教えてくれるまで他の作業に集中できます。ちなみに私は「あと何分で自宅を出発」というときにもタイマーをセットしています（大学に勤め始めてからの習慣です）。

ボウルとざる

直径23㎝×深さ10㎝のボウルと、それにすっぽり入るざる。どちらもステンレス製です。

耐熱ガラスボウルとふた

直径21・5㎝、容量1.5ℓ。

調理器具

レードル（おたま）・ターナー（フライ返し）・計量スプーン（大さじ・小さじ）・泡だて器・トング・しゃもじ・ゴムべら・茶こし。

これらに加えて「瓶・缶用スクレーパー」というシリコン樹脂製のへらがあります。瓶詰の中身はすべて使い切りたい。とても重宝しています。

箸

無印良品の竹製の箸を10膳。食事用はもちろん、菜箸としても使います。

●お鍋もお皿もいりません！　マグカップでクッキング

２０１９年、テレビ朝日『徹子の部屋』に出演したとき、マグカップで「ビーフシチュー」を作りました。マグカップに材料を入れ電子レンジにかけている間、黒柳徹子さんとおしゃべり。チンと鳴ったら、取り出していただく。料理初心者から、料理がおっくうになってきたシニアの方まで、おすすめの調理法です。

嬉しいメリットがいくつかあります。

1　料理の技がいらない
2　短時間でできあがる
3　火を使わないので安全
4　食材の栄養を逃さない
5　洗い物が少なくてすむ

などなど、どれも、特に「おひとりさま」にはありがたいですよね。

市販されているほとんどのマグカップは容量が350〜500㎖です。

煮物なら、肉が50〜100g、プラス野菜が100gと調味料で、350㎖の容量があれば十分使えます。ただ、カレーやシチュー、スープ、みそ汁などは水分を100〜120㎖加えるので、容量は500㎖あったほうが安心です。もしもこれからマグカップクッキング用に新たに購入しようと考えているなら、耐熱ガラス製の500㎖計量カップもおすすめです。取っ手もついています。平底なので、マグカップに比べ、煮汁の循環がよく、マグカップの加熱時間に比べ1分短くてもOKです。

そうそう、マグカップはレンジで「チン」しても、取っ手は熱くなりません。毎朝ミルクティーを作っていて気づきました。レンジから出すときとてもラクです。

マグカップクッキングのメニュー例は２１８ページ～で紹介しています。

●シニアだからこそ、タンパク質は欠かせません

普段、私たちは自身で意識することはありませんが、身体の中では絶え間ない合成と分解が繰り返されています。そのためには、食事で栄養分を身体に送り続けなければなりません。けがをしてもいつしか傷が治り、風邪をひいてもやがて回復するのは、食べているからこそ。「生きている」という流れを止めないためには、食べ続ける必要があります。

成人女性が心がけたい食生活は、次のようになります。目安として知っておいてくださいね。

1　タンパク質食材は毎食100ｇ
2　野菜は1日350ｇ
3　炭水化物は1日に3回、ごはんなら1回分は茶碗1杯（150ｇ）
4　乳製品は牛乳なら1日1カップ（200㎖）

タンパク質は、骨、筋肉、皮膚、内臓、血液、爪、髪の毛など、私たちの身体を作るもとになる栄養素です。タンパク質を多く含む食材としては、肉、魚、卵、豆、豆製品（豆腐や納豆など）、乳製品が代表的なものですが、ごはんやパン、麺、野菜の中にも少量含まれています。

シニア世代の中には「もうこれから成長するわけじゃないから」と、肉や魚はそれほど必要ないと思っている方も多いかもしれません。実際は、年齢を重ねた人ほど意識してタンパク質をとる必要があります。その理由は、50歳を過ぎる頃から、筋肉の分解のスピードが上がっていくからです。一方で、食べたタンパク質を消化・吸収する力は落ちていきます。

「フレイル」という言葉をお聞きになったことがあるでしょうか。高齢になって心や身体の状態が衰える状態を指す言葉です。タンパク質の摂取量が少ない女性には、このフレイルの人が多くなります。２０１３年に発表された『女性３世代研究』（児林聡美氏他による）では「１日のタンパク質摂取量が70ｇを超えているか否かで、日常生活の質が違ってくる」ことが調査によって明らかになっています。

「70ｇなら、十分食べているわ」

そう思って安心された方もいらっしゃるかもしれませんが、ここで注意したいのは「タンパク質が70ｇ」ということで、肉や魚の重さが70ｇではないということです。

たとえば、赤身の肉の代表格である脂身なしの牛もも肉１００ｇ中に含まれるタンパク質は、たった20・２ｇです。お肉の重量＝タンパク質の量ではありません。

つまり、70gのタンパク質をとるためには、牛もも肉なら350gが必要になります。ただ、前述したように主食のごはんやパン、野菜などからも少量のタンパク質をとることができるので、ざっとした換算ですが、目安として「1日に300gのタンパク質食材をとればよい」と考えておくといいでしょう。これを3回の食事で分けてとる。

となると、1回の食事で100gが目標ということになります。

●おすすめのタンパク質食材

さて、ここでは実際にどんな食材をどのような調理で食べるといいかを具体的にお教えしたいと思います。

成人女性が1日にとりたいタンパク質食材は、たとえばこんな感じです。

卵　１個（50ｇ）
鶏むね肉（皮なし）　１００ｇ
青魚　70ｇ（イワシ中１尾）
豆腐　１００ｇ（ゆで大豆換算34ｇ）
納豆　１パック（30〜35ｇ）

これらを組み合わせて、１回の食事でおよそ１００ｇになるようにします。朝ごはんに卵と納豆（合計で85ｇ前後）、お昼は鶏むね肉１００ｇ、夕ごはんは青魚と豆腐（合計で１００ｇ前後）というふうに選んでいきます。

ここで「肉」の例として鶏むね肉を挙げたのには理由があります。鶏むね肉には、筋肉の疲労をやわらげるイミダゾールジペプチドが多く含まれています。

また、筋タンパク質合成を促す必須アミノ酸であるロイシンを含む食材も積極的に食卓に取り入れましょう。ロイシンの含有量が多い食材は鶏むね肉、ささみ、高野豆腐などです。

鶏むね肉は「パサパサしているから」と苦手な人が多いのですが、調理方法次第でとってもおいしくいただけます。簡単でおいしいと、生徒さんに評判のよいレシピを３つを２２８〜２３０ページに紹介しておきます。

●腸内環境を整える

「腸内細菌」という言葉をご存じでしょうか。健康をテーマにした雑誌やテレビ番組などで取り上げられることが多くなりました。

私たちの腸には、約１００兆個もの腸内細菌が住みついています。

腸内細菌には「善玉菌」「悪玉菌」「日和見菌（ひよりみ）」の３つがあり、腸の中で常に勢力争いを繰り広げています。

善玉菌というのは、乳酸菌やビフィズス菌など身体によい働きをするもののことです。悪玉菌は、身体に害を及ぼすもの。日和見菌は、善玉菌と悪玉菌の優勢なほうに味方をするという性質を持っています。

そもそも、腸は人体における最大の免疫器官で、全身の免疫細胞の7割近くが集中しています。腸の免疫細胞は、食べ物と一緒に身体の中に入ってきたものを無害かどうか判断し、必要な栄養は吸収し、有害なものは排除して身体を守ってくれます。

腸内の善玉菌は消化吸収を助けるとともに、病原菌の増殖を防いだり、免疫細胞を刺激して活性化させたりする役割を持ちます。ですから善玉菌が優勢になると、腸内環境がよくなって免疫力が高まります。

反対に、悪玉菌が優勢になるとタンパク質などを分解して硫化水素やアンモニアなどの有害物質が作り出され、腸内環境が悪化します。便秘になったりガスがたまったり、不快な症状が現れ、また、腸内にたまった便をエサとして悪玉菌がさらに増えていきます。

その結果、免疫細胞の働きが弱まり、風邪、便秘や下痢、冷え、肌荒れ、口内炎、アレルギー症状などが出やすく、疲労もたまりやすくなります。また、腸内で発がんを促す有害物質が増え、がんになりやすくなってしまいます。

悪玉菌が増え続けてしまうような悪循環を断ち切るために、善玉菌を多く含む食品を毎日の食事に取り入れるといいですね。代表的な善玉菌である乳酸菌は、発酵食品に含まれています。

発酵食品といっても、特別珍しいものではありません。納豆、ヨーグルト、ぬか漬けやキムチ、甘酒やみそやチーズなど、日本人の食生活になじんでいるものばかりです。

「我が家の元気のもとは、祥子先生に作ってもらったぬか漬けと毎日みんなで飲んでいる『レモン酢』です」。コロナ自粛で料理教室がお休みの間、生徒さんにもらったショートメールです。

●冷蔵庫にいつも発酵食を！

善玉菌を毎日腸に送り込むための秘訣は「冷蔵庫にいつも発酵食を！」です。え、それだけ？　と思われるかもしれませんが、いつも切らさずに冷蔵庫にストックしておくことが大切です。目に留まれば食べるのが人間のサガ。私の自宅の冷蔵庫には納豆とチーズがいつも入っています。朝ごはんに納豆。夜のワインのつまみにはチーズを。その他、自家製の甘酒と電子レンジで作る豆乳ヨーグルトもストックしています（作り方は２３４、２３５ページ）。

〈豆乳ヨーグルトのメリット〉

牛乳で作るヨーグルトに含まれる動物性乳酸菌にくらべて、豆乳で作るヨーグルトの植物性乳酸菌は、日本人の大腸に生きたまま届く量が多いことがわかっています。豆乳はそれ自体が血糖コントロールに効果のあるマグネシウムの宝庫で、良質のタンパク質である大豆タンパクやイソフラボン、レシチン、サポニン、オリゴ糖などの栄養素も豊富に含まれています。牛乳にくらべて低カロリーでコレステロールもゼロ。それをもとに作る豆乳ヨーグルトは、さらに乳酸菌の働きも加わり、栄養の宝庫といえます。

●「にんたまジャム®」でさらに免疫力アップ！

免疫力アップのための強い味方、「にんたまジャム®」も紹介します。これは、私が考案したもので、免疫効果の高いたまねぎとにんにくをいつでもどこでも手軽に食べられる優れものです。特許庁にも申請受理されています。「フルーティでおいしい」「りんごジャムみたい」と、味も皆さんからお墨付きのおいしさ。免疫力アップの他に、こんな効用があります。

冷えの改善　食べると身体がポカポカします。

むくみがとれる　にんにくやたまねぎを食べると交感神経が刺激されて抹消の血管が拡張し、全身の血流がよくなります。むくみが解消できれば、体重も減り、ダイエット効果があります。

アンチエイジング　老化の原因は体内で生じる活性酸素による細胞のダメージ。「にんたまジャム®」の成分には抗酸化作用もあり、アンチエイジングにも有効です。

お通じがスムーズに

血糖値が下がる

腸内環境を整える　たまねぎに含まれるオリゴ糖はビフィズス菌のエサとなり、善玉菌を増やしてくれます。

糖尿病と高血圧の予防・改善

●「1人分冷凍パック」でパパッとごはん

1人分の食事を毎食作るのは面倒なものです。まとめ作りやストックもいいのですが、同じおかずが続くと飽きてしまいます。そこで、考えついたのが「1人分冷凍パック」です。

大家族が共に住み、その人数分の食事作りが主流だった時代から、ふたり暮らしやひとり暮らし世帯が増えて、「個食」がメインの時代になりました。個食時代のレシピは「簡単・手抜き」がよいと、私は考えています。

ここで紹介する「1人分冷凍パック」は、究極の個食レシピです。

「1人分冷凍パック」は、

1 電子レンジで調理（レンジでチン！＝レンチン）するので、誰でもできる
2 「4分レンチン！」であっという間にできあがる
3 火を使わないので安全・安心。夏場は暑さ対策にもなる
4 切り方が多少雑でも、電子レンジなら均一に火が通る
5 1つのパックで1食分の栄養がまかなえる

と、ひとり暮らしに嬉しいメリットがあります。

電子レンジ調理は鍋で作るよりも調理時の水の量が少なくてすみ、栄養成分が流出しにくいという特徴があります。耐熱容器でレンチンすれば、そのまま食卓に出せます。洗い物もほとんどなく、片づけもラク。余った食材で作れるからフードロスもない……、と、自分にも地球にもやさしいレシピです。

作り方はいたって簡単。

1　肉か魚などのタンパク質食材50ｇ＋野菜１００ｇを食べやすい大きさに切る
2　Sサイズのフリージングパックに入れる
3　冷凍庫で保存する

これだけの作業です。

昨今では働きすぎが社会問題となっていて「働き方改革」が国を挙げて推進されていますが、電子レンジを活用した料理は「働かない方」改革！　冷凍パックは、それを強力に推し進めてくれます。

最近「ミールキット」と呼ばれる、必要な食材がすべてセットされている商品が人気ですが、「1人分冷凍パック」は手作りのミールキットです。市販のものは調味料も一緒にセットされていることが多いのですが、私の「1人分冷凍パック」はカットずみの食材だけ。これには理由があって、そうしておけば味つけを和風・洋風・中華風・エスニックなど、その日の気分で選べます。献立も無限大に広がります。

食材の組み合わせは自由です。ルールは「タンパク質食材を50ｇ」と「野菜合わせて100ｇ」というふたつだけ。冷蔵庫に残った食材を組み合わせて作れば、思いがけない新レシピが誕生するかもしれません。時間があるとき、食材をつい買いすぎてしまったときに作っておけば、冷凍庫で１か月程度保存可能です。

冷凍に向かない食材は、基本的にはありません。冷凍に向かないと言われているこんにゃくも、水分が抜けてスポンジのような食感にはなりますが、それも楽しめばよいのです。

そうそう、ひとつ大事なことを忘れていました。

「冷凍しても、味も栄養価も落ちません！」

「冷凍」に抵抗感を持っている人も多いので解説しましょう。

冷凍冷蔵庫が家庭用に開発された当時は凍るまでに時間がかかりました。その間に味が落ちたり栄養成分が減ることもありました。現在、市販の冷凍庫は、冷凍までの時間が短くなりました。といっても食材の賞味期限は１か月が限度です。

●ムラカミ流すっきりキッチンの法則

最近、仕事で知り合った50代の女性からこんな話を聞きました。

「両親が暮らしている実家に帰るたびに冷蔵庫や食品庫の『賞味期限』の確認と整理をします。これをしないと古い日付のものから食べようとするので食中毒が心配。毎回結構な量を捨てることになります。つい買いすぎちゃって、と母は言うんですが……」

50歳を過ぎると、ひとり暮らしでもふたり暮らしでも、食べる量は減っていきます。以前と同じ買い方をしていると、食べきれない・使いきれないということになってしまいます。

そこで、「ムラカミ流すっきりキッチンの法則」の紹介です。

1　週1の買い物で使い回し

毎日では多すぎます。週に1回とルールを決めると最後は余った食材で食事を作り、無駄が防げます。頭も使います。コロナ禍の今、「3密」を避けるためにも。

2　新鮮なうちに使い切る

いただきものの果物や高価なウニ、イクラも、しょせんは食べ物。「あとで食べよう」と大事に保存しているうちに忘れてしまい、味も落ちたり傷んだり。新鮮でおいしいうちに、ウニやイクラはそばに添えるなどして豪華版に。自分には多すぎる量の果物なら知人や隣人にパパッと配ります。

3　調味料は数を厳選

普段の料理に使う調味料はこの13種で十分です。それぞれ自分の好みの味のものを選びます。

どれも、完全に使い切ってから次を開封します。「ストックしておくのはひとつ」をルールにして、ストック分を開封したら、買い物リストに書き加えます。

塩・砂糖・酢（ワインビネガー）・オリーブオイル（アマニ油）・サラダ油・みそ（液みそ）・ナンプラー・ラー油（豆板醤）・しょうゆ（150㎖の小瓶）・みりん・酒・ケチャップ・マヨネーズ

4　中途半端に余ったものは〝一気に〟片づける

パスタ、うどん、そば、そうめんなど、乾麺が少しずつ残っていませんか。

ひとりで食べるにはそれぞれの量が少なすぎ、まとめれば多すぎ、ということで、息子一家や教え子たちが訪ねてきたときに、一気に片づけます。見ている人たちはもうびっくり！「そんな片づけ法も!?」と話題に。
残った乾麺を袋の表示時間に合わせて、ゆで時間が長い麺から時間差で熱湯に加えていきます。全部ゆだったらざるに上げて水洗いして、水を切って食卓へ。

5　冷蔵庫は3つの黄金ルールで管理する

3つの黄金ルールというのは「見やすい」「取り出しやすい」「掃除しやすい」です。そのためには、まずは今の冷蔵庫の整理が必要です。
次の手順で行います。

冷蔵庫の中身を全部取り出す

この「全部出す」が大切。食品を出したら庫内を水拭き→乾(から)拭きします。

取り出したものを確認し、食材別に分ける

A 野菜

葉物野菜（小松菜・みつば・ほうれん草など）
根菜（大根・れんこん・にんじん・ごぼうなど）
きゅうり・セロリ・なすなど
芋類
白菜・キャベツ
緑黄色野菜（ピーマン・トマト・ブロッコリーなど）
薬味野菜（しょうが・にんにく・青じそ・パセリ・ミント・木の芽・みょうが・ねぎなど）

柑橘類（かんきつ）（レモン・ゆず・かぼすなど）

Bフルーツ　りんご・なし・柿など

Cタンパク質食材

肉・魚・ハム・干物・開封した缶詰・卵・チーズ・バター・納豆・豆腐・油揚げなど

D調味料・菓子

みそ・ドレッシング・たれ・チューブ（わさび・からしなど）・ジャムなど

E飲み物

水・牛乳・炭酸水・ビール・ワインなど

賞味期限があやしいものは処分。残りの食品を冷蔵庫に戻す

A野菜

種類ごとに、新しいポリ袋に入れる。購入したとき入っていた、ネットやセロファン紙は捨てる。縦長のきゅうり、アスパラなどは立てて収納というが、ここではやっつけ仕事でよい。ポリ袋に入れたら、口は開けたまま野菜室に入れる。薬味野菜のしょうがは牛乳の空きパックを切って作った容器に入れて、光線を受けると劣化するにんにくはハトロン紙の封筒に入れて冷蔵。青じそ・パセリ・ミント・木の芽などは個別に水少量を注いだふた付き容器で冷蔵。

Bフルーツ

ポリ袋などに入れずに野菜室へ。ただし、亜熱帯果物のバナナは室温で保存。時間が経って黒ずんできたら冷凍する。ちょっと溶かすとバナナアイスクリームのような風合いに。

Cタンパク質食材

卵は卵ケースに、チーズ・バターは所定のケースに、なければチルド室へ。豚肉・牛肉・鶏肉・ひき肉・切り身の魚・ハム・干物はそれぞれをラップに包み、「肉」「魚」と記名したジッパー式の保存袋にまとめて入れる。4、5日で食べてしまえる量ならチルド室へ、量が多ければ冷凍室にしまう。

D 調味料

みそ以外の調味料は、やや冷蔵温度高めのドアポケットでよい。おまけのたれはひとまとめにして、牛乳パックを切って作った小箱へ。目に付くところに入れておいて使い切るのがポイント。薬味野菜や柑橘類も、チューブの薬味や調味料（しょうが・にんにく・わさび・柚子胡椒など）も、それぞれ牛乳パックの小箱に入れてドアポケットに。

E 飲み物・菓子

飲み物はドアポケットに。未開栓の飲料や水は横倒しにして最上段に。到来物の菓子はとりあえず冷凍庫に入れて賞味期限の引き延ばしを図る。

F その日食べる食品

食品を取り出しやすい真ん中の段は、いつも空きスペースで確保。その日に食べる料理やデザートを冷やしておく場所にする。

これまで何でも入れっぱなしにしていた冷蔵庫を最初に整理する作業は大変ですが、一度やってしまえば、そのあとはとてもラクになります。「見やすい」から、いつでも冷蔵庫の中身が頭にインプットされます。「取り出しやすい」から、冷蔵庫を開けてからあれこれ探す必要がありません。「掃除しやすい」から、いつも清潔。

賞味期限が迫っている使いかけの食材は、1日かけて料理に変身させてしまいます。このとき、ひとつ大事なことは「食材を買い足さない」ということ。冷蔵庫の中身だけを持って無人島にたどりついたつもりで、知恵と工夫で乗り切ります。「1円も使わずに夕飯ができた！」なんて考えるとワクワクします。これぞ、片づけの醍醐味！です。

第5章

仕事とともに生きる

●仕事の面白さは、生きる力

50年以上、料理研究家として仕事をしてきました。なぜそんなに長く続けてこられたのか？　それは、「この仕事が面白いから」のひと言に尽きます。

大学を卒業して、決まっていた就職先を断って結婚しました。小さなアパート住まいの専業主婦です。夫は妹を東京の大学に通わせていました。私は生活費を受け取り、残りの管理は彼にまかせていました。

最初に「仕事をしたい」と思ったのは、夫の収入の中から受け取る生活費以外に自由に使えるお金が欲しかったからです。学生時代に必死で勉強したおかげで少しばかり自信のあった英語、ピアノなど、お金になりそうなことにいろいろチャレンジしてみましたが、夫の同僚の奥様だったアメリカ人のアンさんと知り合って、日本の家庭料理を教えるようになりました。

「教えることが得意である」と気づきました。ものごとを要領よく教えるためには、「要するにこういうことです」と、骨子をまとめて伝えることが必要です。その能力が、自分にはあると感じたのです。

仕事を続けるコツは、面白さをつかむこと。そして、うぬぼれ上手であることです。あとあと振り返れば、数々軌道修正をしてきましたが、そのときは「これがいちばん！」と自信を持つことです。

私自身は、たまたま20代で仕事をスタートしましたが、いくつになってからでも始められると思います。料理研究家という職業に憧れる女性はとても多いようで、私のところにも「チャレンジしてみたい」「どうしたらなれますか」という相談をいただきます。つい先日も「50歳を機に、料理研究家への道を歩み出したい」というメールをいただきました。その方に書いた返信メールから、これからチャレンジしてみたい方に役立てていただけそうなところを一部抜粋して紹介します。

「あなたも自信を持って前に進んでください。

食の世界はもともとボランティアです。個人的な嗜好の世界にお邪魔させていただくことです。教室で儲ける必要はありませんが、スタート時点での軍資金は必要です。優秀なスタッフを永続して雇うための、器具をそろえるための、それ相応のお金も必要です」

この返事にも書いたように、仕事というからにはお金のこと、つまり「採算が合う」という点は守るべき一線です。かつての料理の先生は、お茶やお花の世界同様、ご主人や実家の潤沢な資金援助のもとで世に出た方も多かったのですが、現在は違います。お嬢さん芸ではいけません。

また、女性の場合は家庭の事情がもろもろ絡みます。なかなか、自分ひとりの勝手はできません。私自身もここまで書いてきたように、決して1本のレールの上を歩いてきたわけではありません。様々な家族の事情に合わせて、その都度、大胆かつ困難な選択もしてきました。知り合いの編集長さんから

「どうにもならないと思えるときでも、村上さんは行動を起こす」と言われたこともあります。

そうなんです。「できないことはない！　やったことがないだけだ！」が私のモットー。何事も、まずはやってみないとわかりません。「まず、やってみて、不具合を調整する」の繰り返しで、50年経ちました。

●頼まれごとは、すべて引き受ける

私は考えるよりも先に動くタイプの人間です。料理の仕事に限らず、今やるべきこと、目の前にあることを次から次へと片づけていきます。人生、いつ何が起こるかわかりません。優先順位を考えている暇があったら、今やらなくてはいけないことから、というのが信条です。

料理教室、講演、研修会、雑誌の連載、テレビ出演、本の制作……と、次から次へと仕事のオファーが入ります。ほとんどの場合、私が直接電話などを受けて、カレンダーのスケジュールを見て空いていればお受けします。

たとえば、福岡での仕事。同じ日に2件の依頼が入った場合も、午前と午後に振り分けることができれば、ダブルで予約を入れます。そのあと、詳しい仕事内容を知らせていただいて、それに合わせて当日使用するテキストやパワーポイントの資料を作成して準備。「絶対に時間的・物理的に不可能」という場合以外は、仕事を断ることはまずありません。

断らないのは、仕事だけではありません。

福岡県の地元紙である西日本新聞に連載しているコラムはスタートしてから足かけ39年になりました。楽しみにしてくださっている方も多いようです。読者の方から、毎日のように質問や相談の電話がかかります。

先日も、80代の方からこんなご相談がありました。

西日本新聞　コラム連載歴39年

1981年、夫の転勤で東京から北九州に引越しをするとき、料理研究家の仕事はいったん整理しました。ですが、家の中でじっとしていては身体がもたない性分。東京を離れるときに、雑誌『栄養と料理』の当時の編集長が「これからの料理研究家はレシピを書くだけでなく、文章も書けなければ務まりません」とおっしゃったのを思い出し、福岡市の西日本新聞社に飛び込みで企画を持ち込みました。対応してくださった方は「紙面の空きはありません」とにべもない返事。半年ほど、東京で仕事をした雑誌が出版されるたびに送っていたら、担当デスクから「1か月だけ載せましょう」と連絡が。「やった！」とすぐに書いて駆けつけました。それから39年。途中インターバルはありましたが、タイトルを変えながら続いています。現在は『村上祥子のきょうの一品』というコーナーで、写真も自分で撮っています。電話番号も載せています。コロナでステイホームの日々、料理を作る人が多いとみえ、毎日電話がかかってきます。

「梅を冷凍しています。これで、煮梅を作りたいんです」。

今年の梅の収穫が近づいてきたので、昨年の在庫を片づけてしまいたいということでした。すぐにご説明いたしました。レシピを簡単に書いておきますね。

〈煮梅の作り方〉

1　青梅1kgを解凍
2　水1ℓに塩50gを溶かした塩水に3日間浸す
3　流水にさらす
4　鍋に移し、水をかぶるくらい加え、最初から弱火で30分ゆでる
5　4が冷めたら冷水2ℓを入れたボウルに梅を移し、3時間さらす
6　別の鍋で水1ℓにグラニュー糖1kgを合わせ、シロップを作る
7　両手でそっと梅をすくって移す

８　最初から弱火で30分煮る

９　火を止めて、冷めたら冷蔵庫に入れ、３日間おく

●とことん自分で動いてみる

短期大学と女子大学で非常勤講師を30数年、務めました。福岡女子大学の食物学専攻は、たった25名という小さなクラスでした。実習や講義の中で、質問に答えられない場合は「はい。レポート！」と課題を出します。学生たちは次の講義までの１週間、とことん調べて提出しなければなりません。ネットで調べた情報を写すのではなく、自分の足で歩き、情報を必死で手繰り寄せて、自分の知識にまで高めることを私は求めました。

次の学年に上がった教え子からメールが届きました。

「先生は決して声を荒らげたりすることはなかったけれども、自分で考えることを要求されました。学んだあの１年間は自分の曖昧な学びぶりに嫌気が

差し、情けない思いでした。でも、自分の持っている知識にヒントを見つけ、調べていくうちにレポートが書けるようになりました。今考えれば、大きな財産です」

「できないことはない。やったことがないだけ」の精神を、学生たちにも授業を通して伝えてきたつもりです。自分の能力を最大限発揮できる場所を探しなさい。そのためには、待っているだけでなく、とことん自分で動いて見つけること。そうすれば、自分に言い訳しないですみます、と語ってきました。

私自身も失敗にくじけずに、チャレンジを続ける姿勢を貫いてきました。大学で栄養指導実習講座の非常勤講師になったとき、博士号はなし、持っているのは栄養士と理数の中学・高校教員の免許だけ。管理栄養士を世に送り出す学校で教えながら、自分自身がその資格を持っていないのは困りものだと感じていました。

また、東京時代にお世話になっていた料理写真家の佐伯義勝先生が「料理の仕事をいっそう飛躍させるために必要なのは資格だ」と繰り返しおっしゃっていたことも、背中を押しました。47歳の冬に、管理栄養士試験の受験を決意。半年後の５月に行われる国家試験に向けて勉強を始めました。

基礎知識はあるから、あとは過去の問題集を解いておけば、なんとかなるだろうと気軽に考えていたところもありました。ところがそんなに生やさしいものではありません。30年前の学生時代に学んだ内容は時を経てすっかり様変わりしていたのです。13もある教科のテキストをすべて取り寄せて、当時住んでいた北九州市から福岡市まで、週末は受験講座に通って猛勉強。勤めていた大学の教授たちが国家試験準備講座の講師です。講義を受けて、テキストの紙１枚１枚を山羊が食べるように覚えて理解して準備をすすめます。

初めてのマークシート試験。終わった後、夕飯でもと迎えに来た息子から、解答欄を１マスずつずらして書かなかっただろうね、なんて言われてギョッとして青くなりました。自分で発表を見に行く勇気もなく、夫が新聞を見て「合格だよ」と教えてくれました。

料理研究家として再出発を図ったとき、管理栄養士の資格があるということで『長寿のための糖尿病の食事　カード式献立８０００』の依頼がＮＨＫ出版よりありました。「まさかカムバックするとは思わなかった。東京を離れて九州へ行ったとき、仕事より主婦を選択したのだから彼女のキャリアは終わりだとみんなで噂したのよ」と、親しかった編集者から後になって聞かされました。

●見るもの、聞くもの、すべてが情報

今年の3月のことです。東京でのテレビの仕事とインタビュー2件を終えて、福岡に向かう最終便に搭乗しました。案件がすべて順調に片づいたこともあって、解放感でいっぱい。ＪＡＬの機内誌を広げてゆっくりと楽しんで

いました。

その中に、明治初期に日本を訪れたイギリス人女性イザベラ・バードの『日本奥地紀行』（１８８０年刊）の紹介がありました。読んでみると、イザベラの見る目のすごいこと！「自分もこうありたい」と、そのページを切り取ってバッグにしまいました。

まだまだ自分には知らない世界がいっぱいあることに、気づきます。いくらでも学びたい！　と熱烈に思います。

移動中はいつも、こんな感じで好奇心いっぱいに、目も耳も心も全開にしています。

本や雑誌、新聞を読んだり、仕事先に向かうときには必要な資料を読み込んだり。電車での移動などのほんの短い時間には、前に座っている人をじっくり観察したりしています。バードウォッチングならぬ、人間ウォッチングも趣味のひとつ。顔の形が似ていると声もよく似ていることを発見したりします。

片時もぼーっとしていることがありません。たとえ10分でも20分でも、手が空いた時間をまめにかき集めて有効に使うことが身についてしまっているようです。たぶん、エネルギーの代謝がいいのと、好きなことをやっているからストレスにならないのでしょうね。

私にとっては、見るもの聞くもの、すべてが情報。目に映っていても見ていない、耳に届いていても聞いていない。それでは情報をつかむことは難しいだろうと思っています。情報を、自分の中で知識に変えて、それを誰かに伝えるチャンスがある。それが人生の面白さだと思っています。

●スタッフからもらった手紙

以前、村上祥子料理教室の福岡で5年、東京でも5年と合計で10年ほど働いてくれたスタッフのやっちゃんがいます。もともとは教室の熱心な生徒さんで、スタッフに欠員が出たときに声をかけたらふたつ返事で引き受けてくれたのです。ご親族などの意向もあり、今は調剤薬局で働いていますが、彼女からもらったメールに「村上先生から学んだこと」という項目が簡潔にまとめられていました。彼女いわく「私にとって当たり前になったことが多すぎて、先生から学んだという事実をすっかり忘れていました」とのことです。

・出汁を簡単にとるために、昆布を切手大に切ってストック
・とにかく、３食食べること
・ごはん半分、おかず半分の勇気ある弁当のこと
・気前よく分けること
・人がくださるものは遠慮なくいただくこと

全部、先生から学んだことです。そのうえで、

・物を増やさず、執着せず、健全に暮らしていく
・バランスよく食べていれば、身体もついてくる
・自身が実践して、手の内はすべて公開
・数字で示せるところは明快に示せば、とてもわかりやすく正確
・そして、人と人を繋いでいくこと
・悔やまない
・前だけ見て、とにかく精いっぱい頑張る
・時流に乗って信じて続ける気力
・気持ちを維持していくバランス感覚

「ほかにも、いっぱいいいっぱいあるわぁ」とのことです。

●認知症予防のための食事とは

シニア（もしくはシニア予備軍）の誰もが願っているのは認知症にならな

いこと。もちろん、自然な老化現象で若い頃にくらべて物忘れが多くなるということはありますが、日常生活や社会生活に大きな支障が出る認知症は、できることなら予防したいものですね。そこで考えたいのが、食事による予防です。

老年期認知症の研究者である池田久男博士らの論文によると、認知症予防に効果があることがわかっているのは次の３つです。

1．ホスファチジルコリン
2．ＤＨＡとＥＰＡ
3．糖鎖(とうさ)

言葉だけでは何のことかよくわかりません。それぞれについてもう少し詳しく説明します。

ホスファチジルコリン

動植物の細胞や組織、ことに脳神経、肝臓、血液などの代謝と機能に関係していることから「脳の栄養」と呼ばれています。卵黄、脳、レバー、大豆、酵母などに多く存在しています。

ホスファチジルコリンが豊富なレシピとして薄味の半熟卵と肉みそ大豆のレシピを231ページに紹介しています。

DHAとEPA

DHA（ドコサヘキサエン酸）とEPA（エイコサペンタエン酸）。どちらも魚に多く含まれています。魚の缶詰を活用しましょう。缶詰には「開けてすぐに食べられる」「フレッシュ素材を使用している」「骨も皮もまるごと圧力加熱」「うまみ、液汁を逃さず真空加熱済み」「常温でストックできる」など、メリットがたくさんあります。

糖鎖（とうさ）

糖鎖は糖同士だけでなく、タンパク質や脂質その他の分子とも結合して、多様な分子を作り出したもので、生体内で重要な生理作用を担います。

糖鎖がとれるレシピとして「黒たまジャム®」を紹介します。たまねぎを加熱したときに感じられる甘味成分は、オリゴ糖で糖鎖の一種。腸内細菌にとってオリゴ糖は格好の餌となり、善玉菌を増やしてくれます。１日に大さじ１杯以上をそのままお召し上がりください。

〈黒たまジャム®の作り方〉

［材料　できあがり２００ｇ（大さじ10杯）分］

たまねぎ２５０ｇ（正味）　黒砂糖60ｇ　黒酢大さじ２

［作り方］

①たまねぎは皮をむき上下を切り落とし、十字に４等分に切って耐熱ボウルに入れ、電子レンジ６００Ｗで５分加熱する。

②ミキサーに①、黒砂糖、黒酢を入れ、ピューレ状になるまで回す。

③耐熱ボウルに移し、ラップをしないで電子レンジ６００Wで10分加熱する。
※冷蔵で2か月、冷凍で1年保存可能。

●合言葉は、「さあ、にぎやかにいただく」

シニアの方だけでなく、あらゆる世代の方に身につけていただきたい食習慣があります。それは、「さあ、にぎやかにいただく」。これは、「ロコモチャレンジ！推進協議会」が考案した、毎日食べたい10の食品群の名称を並べた合言葉です。「ロコモチャレンジ」というのは、骨や関節、筋肉などの衰えが原因で「立つ」「歩く」といった運動機能が低下してしまう「ロコモティブ症候群」、略称「ロコモ」についての正しい知識を知り、しっかり予防するためのアクションです。

さ　魚介（さかな）

あ　油脂（あぶら）
に　肉
ぎ　牛乳・乳製品
や　野菜
か　海藻
（に）
い　芋
た　卵
だ　大豆・大豆製品
く　果物

私自身が毎朝心がけて食べているのは、卵、牛乳、チーズまたは納豆、野菜のみそ汁に玄米ごはん。出張の際の弁当はこんな感じです。

発芽玄米のおにぎり　150g

梅干し　5g
薄味の半熟卵　50g
6Pチーズ　20g
コールスロー　100g

卵は、アミノ酸やビタミン、ミネラルをバランスよく含んだ完全栄養食品です。加熱しても栄養価に大きな変化がないことも特長です。卵黄には、前述した「脳の栄養」ホスファチジルコリンがたっぷり含まれています。特に、ビタミンB12を一緒にとると認知症が劇的に改善されるという研究結果が報告されています。ビタミンB12は牛・豚・鶏のレバー、チーズ、牛乳、イクラ、牛タン、丸干しイワシなどに含まれています。

また、近年、卵黄のコレステロールは血中コレステロール値を上げないことがわかりました。物価の優等生でもある卵です。健康な人は1日に2個の摂取をおすすめします。

●子どもたちに教えたいこと

１９９６年に東京スタジオを開いて以来、２０１９年までの間に９８０回の食育講演会に招かれました。47都道府県をくまなく回り、当初は日本地図を壁に貼って出張先にカラフルなピンをとめていたのですが、途中でスペースが足りなくなって外してしまったくらいです。

２０１６年度には、福岡市からの依頼で夏休み期間に親子を対象とした「早寝・早起き・朝ごはん」学習会を15の小学校を回って開催しました。お話と調理実習を両方行います。目的は、子どもがひとりで作ることができる献立を、小学校の授業の1時限分と同じ45分で完成させることです。それ以上長くなると、小学生はどうも集中力が続かないようです。

そのときのメニューは、「電子レンジで炊くごはん」「野菜たっぷりみそ汁」「煮豚」にしました。子どもたちが朝ごはんの大切さを理解するためには、一から自分で作れるようになることが大切です。

小学校の5年生、6年生を対象に「おべんとうの日」の講習を開いたこともあります。「身体は食べ物でできている」という話から始めて、身体を作る成分の割合や子どもの「食べ力®」などについての講話の後に、それぞれが自分の弁当を作るという内容です。実習では「アマニ粒入りおにぎり」「レンジから揚げ」「野菜のみそ煮」を作りました。

ごはんは毎回、電子レンジで炊きます。1カップ分が炊飯器の早炊きコースよりも早くできあがりますので、シニアの方にもおすすめです。

じっとしているときでも、身体はエネルギーを必要としています。脳は栄養となるブドウ糖を常に欲しています。糖質オフのダイエットは絶対にやってはいけない危険なことだと学術的な図を使って教えます。

●「人生100年時代」の食べ方

福岡県の中央部に位置する小郡(おごおり)市と縁があって、「小郡市健康を守る母の会」の講演や、シニア対象の食育研修などを行ってきました。今年3月に講演会を行った際のテーマは「人生100年時代『かんたん手抜き』でも『必ず食べる』」。このときの内容の中から、この本の読者の方にもぜひ知っておいていただきたい「ファイトケミカル」について、お話しします。

ファイトケミカルというのは、植物が外敵や紫外線から身を守るために作り出した天然の機能成分のことです。植物の色素や香り、苦みや渋みなど、人間には作り出せない、でも必要なものばかりです。

ファイトケミカルには8つの作用があります。

1　抗酸化作用

活性酸素から身体を守る（たまねぎ、にんにく、大豆、緑茶）

2　免疫を整える作用

がん細胞や病原体への攻撃力、アレルギーや炎症を抑える、抗菌作用・抗ウイルス作用（にんにく、にんじん、しそ、パセリ、たまねぎ、しょうが）

3　デトックス作用

肝臓の解毒酵素の量を増やし、体内の有害物質を無毒化する（ブロッコリー、キャベツ、にんにく、大根、わさび）

4　がん抑制作用

4つの力でがんを防ぐ

①抗酸化力（たまねぎ、にら、にんじん、トマト、みかん）

②デトックス作用（セロリ、ブロッコリー、キャベツ）

③免疫力アップ作用（しょうが、にんにく、きのこ類）

④がんを直接抑制する作用（大豆、たまねぎ、カリフラワー、トマト、にんにく、白菜、キャベツ）

5　血液サラサラ作用
血栓を防ぎ、心筋梗塞や脳梗塞を予防（たまねぎ、にんにく、大根、わさび、キャベツ）
悪玉コレステロールの酸化を防ぎ、動脈硬化を予防（ごま、にんにく、トマト、にんじん、かぼちゃ）

6　アンチエイジング作用
脳の老化を防ぐ（赤ワイン、玄米、紅茶、いちご、ローズマリー）
目の老化を防ぐ（ほうれん草、とうもろこし、パパイア、柑橘類、びわ、柿）
骨の老化を防ぐ（大豆、にら、ブロッコリー）

7　ダイエット作用
体脂肪の燃焼を促し、メタボ改善。美容にも効果的（トマト、にんにく、唐辛子、しょうが）

8　ストレス緩和作用
精神的不安を取り除き、不眠や頭痛の改善にも（春菊、パセリ、セロリ）

「人生100年時代」の食べ方として、市販のお惣菜を「おいしく食べる」コツも226、227ページで紹介しておきます。毎食料理するのも大変ですから、出来合いのものを上手に活用いたしましょう。

「簡単でもいい」「手抜きでOK」というのは、管理栄養士として皆さんに伝えたいメッセージです。ただ、三度の食事は必ず食べてください。人間の身体は24時間動いている製鉄工場のようなものです。溶鉱炉の火は止められません。人間の身体も、生きている限り、生命の流れは止められません。コンスタントに食べ物を供給したほうが、余計な負担がかかることなくスムーズに動き続けてくれます。1日に必要な量を、3回に分けてきちんと食べる。「食べ貯め」はできないとご承知おきください。

●「おいしい」は当然、「面白い」が刺激になる

料理教室で「料理がおいしい」のは当たり前。だからこそ参加してくださ

るわけですが、通い続けていただくためには、レストランのオーナーシェフになったつもりで、もうひと工夫が必要です。

私の教室では「面白い！」がキーワード。キャッと声が上がるくらいに面白がってもらうためには「びっくり！」の要素が大切です。

生徒さんたちは、長年料理をやってきた方が多いので、余興のように一見ごく普通の一品を挟んだりもします。

「耐熱ボウルに洗った米を入れ、1.3倍の水を注いでラップをかけて電子レンジで加熱します」。その後、私の諸国漫遊旅の話を聞きながら、揚げたてのチキンナゲットを試食しているうちに「チン！」

「え！　もうごはんが炊けたの？」とびっくりです。「米を水に浸ける時間も、蒸らす時間も電子レンジならいりません。なぜなら……」なんていう科学的根拠の説明に生徒さんは上の空ですが、熱々ごはんのおいしさはしっかり記憶に残ります。「これからは、ごはんが足りないときもレトルトのパックを買いに走らなくてもいいわね」と感心しきりです。

〈電子レンジでごはんを炊く〉

1　米1合は洗って水切りし、直径22㎝の耐熱ボウルに入れ、水250㎖を注ぐ。

2　両端を少しあけてラップをし、電子レンジ600Wで5分加熱する。

3　沸騰してきたら、電子レンジ弱（150～200W）または解凍キーに切り替えて12分加熱する。

あるときは、ニューヨーク仕込みのチーズケーキの作り方を、どんなふうにものにしたかのサイドストーリーも含めてお話しします。「日本のサワークリームは酸度も固さもアメリカのものにくらべて弱いので、生クリームに水で溶いたクエン酸を加えて作ったほうが本場の味に近いものになります」などというウンチクに、生徒さんたちはいぶかしげな表情。

できあがってひと晩冷やしたチーズケーキを切って食べるととびっきりのおいしさ。「よし、今度チーズケーキを作るときには私も……」。皆さんワクワクしている、とムラカミは感じました。

海のミルクと呼ばれる牡蠣（かき）を使ったアヒージョを実演した際には「早すぎる！」という声が飛びました。というのも、「マグカップに塩水で洗った牡蠣１００ｇを入れて、ローリエ、にんにく、唐辛子を加えてオリーブオイルを数滴。ラップをかけて６００Ｗのレンジで１分」でできあがるからです。「牡蠣には亜鉛がいっぱい。ふさふさの髪の毛にも、味蕾（みらい）にも貢献！」なんてしゃべっているうちに、「チン！」と鳴ります。試食して「おいしい！」と皆さんニッコリです。

「今日も楽しかったです」と教室を出られる生徒さんを見送りながら、頭の中では、もう次の教室のレシピのことを考え始めています。

今、私がワクワクしているもの

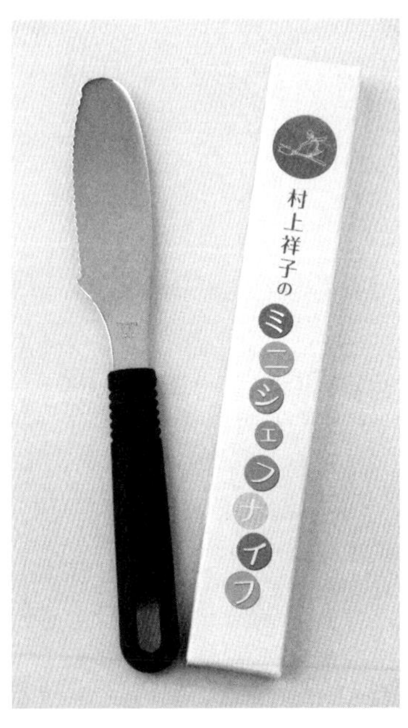

子どもの食育に力を入れたいと考え、アメリカの食育現場を見学したとき、子どもたちが使っているナイフに目が留まりました。手は切れにくいのに、肉や魚はよく切れるのです。よく見ると日本製でした。そこでひらめき、あるメーカーに発注したところ、発注数よりかなり多い数のナイフができあがってしまうアクシデントが。20年前の話です。以来、毎年注文してきました。このナイフは手作業で作られるそうで、その職人さんが引退なさるとお聞きして、さらに2000本注文。食育ブームで出張授業が増えているので、たくさん必要になると考えたからです。ところがこの春からのコロナ禍で当然授業はストップ。今度は、希望する小学校に寄贈することを思いつき、申込書を作ったところです。

味の素㈱から発売された「スチーミー」の開発に関わることがありました。圧力スチーム調理パウチに調味料が入っていて、豚かたまり肉を入れて、電子レンジでチンすれば、本格的なチャーシューができあがる画期的な商品です。私が電子レンジに詳しいということで、声がかかりました。電磁波の特徴をうまく活かして、おいしそうな焼き色がつくようになっています。これからは人生100年で個食の時代。こういった優れものがどんどん増えていけばいいなと思います。

第6章
自分らしい「終活」DAYS

●72歳で夫と死別、ひとり暮らしに

私は72歳のとき、夫の啓助を見送りました。

夫を亡くした方のお気持ちをうかがったことはありませんが、これまでにも若い頃に母を、その後も父と舅を見送ってきた経験とくらべてみても、大変大きな喪失感を感じることになりました。

母の葬儀のときは、ワァワァと大泣きしましたが、夫のときは泣くことはなく、淡々とお知らせをして、通夜に葬儀、初七日、四十九日をすませていきました。初七日の翌週には料理教室を開催、穴を開けずにすみました。雑誌の撮影や福岡市教育委員会主催の「早寝・早起き・朝ごはん」学習会の30回の活動も、講演会も予定通りこなしました。

亡くなった母は、私の姉・庸子を4歳で亡くしています。その後しばらく

は、誰かの笑い声を聞くだけで腹が立ったそうです。
「みんな幸せに暮らしているのに、なぜ庸子は……」と不憫でたまらなかったのでしょう。悲しみが癒えるまで、4年はかかったと言っておりました。

私も夫が亡くなった後、3年間は同じ心境でした。3年を過ぎる頃から、テレビで子どもの愛らしいしぐさなどを見かけると「うふッ」と笑うようになり、6年が経った今は普通に暮らせるようになりました。

夫は「啓助ATM」と頼りにされていました。料理教室の準備中、私やスタッフが2階のスタジオから3階の自宅フロアに向かって「啓助さん、お金がありませーん」と叫びます。そうすると、すぐにお金が届きます。3時のおやつの時間には「なにかお菓子はありませんかー？」と、また叫びます。啓助さんは、こっそり隠し持っている湖月堂の栗饅頭などを抱えて降りて来てくれます。

私の仕事に関する経理業務も、すべておまかせ。それだけでなく、布団の上げ下ろしも、布団カバーの取り換えも、体格のよい彼に手伝ってもらっていたのです。公私のあらゆる面で、頼りになる存在でした。

今は、私がすべてをやります。銀行へも税務署へも、自分で行きます。やればできるものです。それでも時折、外で見かけるご夫婦の姿がふと目に留まります。奥様が傍らのご主人を見上げて何か話しかけている様子などに、以前の自分を思い出します。何をするにも、夫の意見を一応尋ねていた自分を。

今では何でもひとりでできます。すっかりたくましくなった私ですが、村上啓助は、今も私の心の友・ソウルメイトです。

●「無理」を楽しむ

かつて夫からこんなふうに言われたことがあります。
「君は階段を1段上がると、そこから降りることは決してしないね。コツコツと1段ずつ上がっての、今だね！」

地方大学卒で社宅の専業主婦だった私が、どんどん新しい仕事にチャレンジし、そのたびに新しい扉を開いていくことをそばで見ていての言葉です。ありがたい言葉だと思いますが、「無理をするくらいじゃないと人より先んじることはできない」と思っています。

ただ、私の「無理」は、脂汗を流してうんうんうなりながら悲壮な顔をしてやるようなものではありません。伝えたいことがあって、そのためにやりたいことがあって、夢中になって動いているだけ。傍目(はため)からは「無理」に見えていても、私自身は常に「熱中」状態を楽しんでいます。

小学校へ「早寝・早起き・朝ごはん」の学習会に出かけるときは、前夜のうちに電子レンジ5台を2階から1階のガレージにおろします。人数分の調理器具は段ボール箱に詰めておきます。使用する食材は、当日の朝3時に起床して1人分ずつをポリ袋に入れて、出かける間際まで冷蔵庫に保管。忘れないように、玄関ドアに「食材！」と書いたメモを貼っておきます。そして、迎えに来たスタッフの車にすべての荷物を積み込んで、「いざ出発！」です。

地方での講演や講習会には、調理器具は先に宅配便で送っておいて、会場へはひとりで行きます。出迎えてくれた方は「えっ！　おひとりで？」と驚かれるのですが、余分に旅費が出るわけでもないのでひとりでなんとかやりくりするしかありません。「ずいぶんな肉体労働ですね」と言われることも多いのですが、そのおかげでタフかつ精力的な身体ができあがっているのだと思っています。

●シニアのホンネがわかる料理教室

現在、料理教室を開いている自宅2階のスタジオは2015年に西麻布を引き上げた際、シニアのための実習教室として改装したものです。その費用に４００万円かかりました。この金額を、料理教室からの収入でまかなえるとは思っていません。シニアのひとりひとりに、自分自身で、１日３回しっかり食べるという意識を持ってほしい。それが他人に迷惑をかけない、医療の世話にもならない最良の道だと考えて、ただただその実現のために、突き動かされるように作ったスタジオです。

私の大学の同級生は、みんな同じ78歳ですが、今のところ子どもの世話になっている人は皆無。両親や姑、舅の世話をしてきて、今は自身が後期高齢者になりました。

ケアハウスなどに入るという選択もありますが、そうしないのであれば独立独歩で自分の世話は自分でやらねばなりません。朝は定刻に起きる、誰に見られなくとも身づくろいをする、１日３回の食事をとる、ときには人と会って自分に活力を与える。その繰り返しが、自分らしく生きていくための秘訣です。

料理実習教室は午前と午後の2部制で、それぞれ20名のメンバーでスタートしました。毎回、教室の最後にアンケートを書いてもらいます。そこにはシニアのホンネがびっしり！　教室を持つことで、自分自身の経験以外の世界を疑似体験できています。

生徒さんご自身の体調不良、ご主人の介護などで教室に参加できなくなる人も出てきます。遠方に住む高齢の親の面倒を見に行くため、娘が出産したから手伝いに、といった理由での欠席もあります。

これまで4年間やってきましたが、今年の春は、コロナ禍で思わぬ事態に発展し、4月から8月までの間教室をお休みすることにしました。料理教室では「3密」を避けることも、ソーシャルディスタンスをとることも、とうてい不可能ですからね。

お休みの期間中、シニア世代の生徒さんから葉書が届きました。

「先生にお会いしていなかったら、ひとり暮らしの毎日の食事はこんなに充実していなかったでしょう。レシピをあれこれ取り出して、肥満にならないように気を配り、コロナに負けない日々を送っています」

続いて、二伸も。

「息子からハイリスク群だからと釘を刺されて、家で庭の手入れと終活の日々です。おかげで、レシピのファイル整理ができました。また、９月には刺激をいただきにまいります」

生徒さんたちがどんな状況においても「三度の食事」を中心に、１日１日を〝自分らしく〟過ごされている様子がわかり、私の活力のもとでもあります。

●電話で「ぬか床」の作り方を伝授

あるとき、こんな電話がかかってきました。
「もしもし、ぬか床を作りたいのですが……」。続けて「テレビの料理番組で書き留めておいたメモがあって、ぬか500gに塩150gで捨て漬けとなっていますが、どうすればいいのですか？」と。

私は思わず笑ってしまいました。
「えらく塩が多いですね！　お尋ねくださって、よかったです。メモ用紙を用意なさってください」と答えて、電話で説明を始めました。

ご相談者は、同年代の方のようでした。70代にして、人生初めての挑戦。これもコロナ禍自粛生活のおかげかもしれません。この方は、その後、「うまくできました」と電話で知らせてくれました。今度は、きゅうりやなす、にんじん、大根、みょうがなどの漬け方を教えてほしいとのことでしたので、もちろんそれもお教えしました（ムラカミ式ぬか床の作り方は、236ページで紹介しています）。

●子どもにお金は残しません

生きていくうえで「お金」は大切なものです。お金がなくては、米を買うことも、水道代を支払うこともできません。東京に住む妹や、千葉にいる夫の兄に会いに行くための交通費も必要です。贅沢したいとは思いませんが、1日を平和に、充実した気分で暮らしていくだけのお金は欲しいと思います。

長年メディアで仕事をしてきたので、ずいぶん稼いでいると思われているのでしょうか。「今のうちに資産運用を」といった勧誘や、「お孫さんへの生前贈与で税金対策を」なんていう助言もいただきます。一度、息子に相談してみたら「子どものことは自分たちでできるから」とあっさり断られました。

3人の子どもたちは、人並みに体格もよく健康で、スポーツが得意。仕事で忙しいときでもいろいろな工夫をしながら食事はしっかりとらせて育てました。今では年齢的にはすっかり「中年」になった子どもたちですが、幼い頃のふるいつきたいほど愛くるしい姿、にぎやかで楽しい子育ての日々を堪能させてもらっただけで、十分満足です。

子どもたちから何かをしてもらいたいと思ったことはありません。不思議なもので、親は子どもに見返りを求めませんね。

そして、私から子どもたちへの気持ちも「あとは、自分たちでやってください」というのが正直なところです。お金を残すつもりはありません。

お金だけじゃなく、言葉に表して残したい、伝えたいこともありません。猪突猛進の母親と、ずいぶん長い間つきあってもらっています。「おふくろは、勇ましかったなぁ」と、私が亡くなった後、思い出してくれることがあれば十分です。

●息子夫婦からのプレゼントはロボット掃除機

結婚して以来、夫の転勤で16回の引越しを重ねました。新天地に移るたびに、そこで新たに料理教室を開きました。赤ちゃんが食べることで日々成長するように、私の料理教室もおいしい料理を一緒に作って食べることで、人が集まってくれて大きく育ってきました。多くの素晴らしい人間関係も、そこで育まれました。ようやく慣れた頃に、また次の場所へ……という大変さはありましたが、動いてこそつかめるチャンスだったとも思います。

北九州の八幡時代には２匹の柴犬を飼っていました。その後、福岡に家を建てて引越した直後に夫が東京本社に転勤になったため、しばらくの間、早朝の散歩は私の受け持ちに（夫が再び北九州の会社に戻ってからは、彼の仕事になりましたが）。２匹とも、夫が亡くなる少し前に相次いで旅立ちました。

本当は、今でも、また、犬を飼いたいのです。生き物がそばにいるというのは素敵なことですし、シニアのひとり暮らしですから番犬にもなってくれて、安心です。だけど、私が出張などで留守をする間に、ごはんをあげたり散歩に連れ出したりしてくれる人が、今はもういません。仕方がないので、安全に関してはセコムに見守ってもらっています。

2017年の2月、私の75歳の誕生日会を息子一家が熊本で開いてくれました。福岡に戻るときに「はい、お祝い」とお嫁さんから手渡されたのは、ロボット掃除機の「ルーロ」くんでした。重いから送りますと言ってくれたのですが、その言葉を振り切って帆布のトートバッグに入れて担いで帰りました。

帰宅してからお礼のメールを送ったら、「おふくろのペットになるんじゃないの」と息子が言っているとのこと。お嫁さんからは「いらないときは、いつでも引き取ります」という言葉が添えられていました。

息子夫婦から 75 歳の誕生日にもらった、ロボット掃除機「ルーロ」。動きが予測不能で、かわいくて。後を追いかけて、“彼”の手の届かないところを雑巾がけするんです。

このルーロくん、とにかくよく働くこと！　2階のスタジオ50坪、3階の今は使っていない空きスペース50坪を、ひとり（？）でキコキコいいながらドアにぶつかっては向きを変え、せっせと掃除をしてくれます。階段を落っこちないかしらと見ていると、毛先のセンサーでキャッチしてくるっと向きを変える。まるで、生きているようです。

ルーロくんが掃除をしている横で、私は固く絞った雑巾を手に桟や隙間を拭きながらついて歩きます。動くものの気配が、ひとり暮らしには嬉しく、とても楽しいのです。さらに、しゃべってくれると、嬉しさ倍増！

ルーロくんは、ゴミでいっぱいになると「ダストボックスがいっぱいになりました。お手入れの時間です」と知らせてくれます。息子が言った通り、すっかりかわいいペットになりました。

そうそう、後日談があります。

あまりに働き者で役に立つので、お嫁さんの誕生日に、今度は私からプレゼントしようと提案したときの、彼女の返事。「いえ、それよりお母さんが来てごはんを作ってくれたほうが嬉しいです」。お料理ロボットが購入できるときが来ても、まだ私が出かけているかもしれません。

●「ケ」時々（たま〜に？）「ハレ」のリズムで

今は、会社員のご主人が家に部下を招いたり、あるいは反対に上司のお宅を訪ねたりというのは少なくなったようですね。私が新婚の頃は、元旦にはいちばんに上司の家へ年賀にうかがうという風習がありました。会社からはこもかぶり（酒樽）が支給されます。大学に行っている夫の妹へボーナスから仕送りをした残りでおせち料理の材料を買い集めて、１週間以上かけて仕込みにかかっていました。鍋からもうもうと立ち上る湯気でガラス窓が曇り、外の冷気で水滴となって落ちる様子が今でも目に浮かびます。当時の暮らしの中では、お正月はとっておきの「ハレ」の日。迎えるまでのいろいろな過程のすべてが嬉しくて、華やいだ気持ちになりました。

それというのも、普段の「ケ」の日はとても質素に暮らしていたからです。朝ごはんは、ごはんと野菜のみそ汁に納豆がつくぐらいのもので、たまに伯母の家に遊びに行ったときなど、私と妹にだけ卵がついて、15歳以上も年上の従兄たちからうらやましがられました。そんな時代でした。

結婚したばかりの生徒さんが「朝食のレパートリーに困っています」とおっしゃったことがありました。きっと、頭の中に、ホテルの朝食バイキングのようなイメージがあるのでしょう。「朝食は、ワンパターンでいいんですよ」と、私は答えます。「ケ」の毎日は、地味に暮らせばよいのです。

子どもたちが幼い頃は、お誕生日が「ハレ」の日でした。1年に1回、必ずやってくる、嬉しくておめでたい日。今のように回転寿司などない時代です。安くておいしいと評判の築地の寿司屋さんに、家族そろって出かけます。会社帰りに合流する夫から、朝、出がけに「子どもたちには寿司屋の前に、ラーメンを1杯ずつ食べさせてから連れておいで」と言われて、その通りにしました。それでも子どもたちの食べること、食べること！　3人で競い合って、ひとり40貫は食べていたように思います。親は、懐具合にドキドキです。

お友だちを招いて自宅で誕生日会をしたときのこと。当時小学3年生だった長男の希望でラーメンパーティを開きました。麺を買ってきて、スープやチャーシューやメンマは手作りで用意。子どもたちに自分で盛り合わせてもらいます。お代わりも自由。わいわいがやがやとたくさん食べた後は、家中を走り回って鬼ごっこが始まりました。押し入れに隠れたはいいものの、ふすまごと転がり落ちる子が……。

今も、孫の誕生日などにはご馳走作りを手伝いに出かけます。「ハレ」の日は、たまにあってこそ！

●「食べる」投資――タンパク質とカルシウム

自己投資という言葉があります。何か大きな成果が得られることを期待して、自分自身のためにお金や時間、労力を使うことです。シニアにとっての最高の自己投資は「食べる」ことだと思います。「食べる」ことの中でも、とりわけ大切なのがタンパク質の摂取です。「タンパク質はしっかり食べる！」が私の信条です。

50歳を過ぎると筋肉の分解速度が速まると言われています。そのうえ、20代の頃にくらべると、代謝も吸収も80パーセント台にまで下がっているそうです。歳をとると、夕飯時になってもお腹がすかないということはありませんか。それは、タンパク質が減って胃壁が薄くなっているからかもしれません。

1回の食事で、タンパク質を含む食材を100g食べると、約20gのタンパク質をとることができます。それを、朝昼晩の食事のたびに心がけること。これからの自分自身の身体のための「食べる」投資です。

もうひとつ、カルシウムについても「食べる」投資を。

私は小学2年生のときに、誕生祝いに欲しいものを聞かれて「チーズ！」と答えたほどのチーズ好き。今もとにかく、牛乳をよく飲み、チーズをよく食べます。乳製品に豊富に含まれるタンパク質とカルシウムは、身体の骨格作りに欠かせない栄養素です。そのうえ、カルシウムは精神を安定させる役目も果たしてくれます。また、認知症予防に効果のあるとされるホスファチジルコリン（166ページ参照）は乳製品に含まれるビタミンB12と一緒にとると、効果的に働きます。

1日でどのくらい乳製品をとっているか、書き出してみましょう。まずは、寝起きのミルクティー。たっぷり牛乳を使って、マグカップに2杯飲みます。これで、カルシウム110㎎をとることができます。そして、6Pチーズ1切れを、電子レンジで30秒ほど温めて、とろ〜りととけたところをいただきます。6Pチーズ1切れ（約25g）に含まれるタンパク質とカルシウムは、牛乳1カップに相当、カルシウムは220㎎程度です。

外の仕事などで、乳製品をとれないときには「ムラカミ流パワフルミルク」の出番です。これは、牛乳1カップ（カルシウム220mg）に、大人のための粉ミルク「プラチナミルク for バランス」（雪印ビーンスターク）1袋（10g）を溶かしたものです。1袋でカルシウム75mg。

1日あたりの成人女子のカルシウム必要量は650mg。いろんな乳製品やカルシウムの豊富な食材を組み合わせてクリアしましょう。これも、明日への自己投資です。

●「簡単・手抜き」で100点満点の食事を

自分で料理をしない人が増えています。現代は、コンビニやスーパーなどで簡単に1人分の食べ物が手に入る時代ではありますが、材料を調達し、切って、調理して食べることは人間の原点です。料理は、現代社会の中で、唯一原始に戻る仕事だとも言えます。

では、何を「料理」しましょうか。

まずは、「ごはん」！

コロナ禍で家ごもりをする人が増えたとき、「炭水化物を十分とる食事を！」と注意喚起をした新聞記事を読みました。現代は、炭水化物はまるで目の敵（かたき）のような扱いで、食事から「抜く」人が多いのですが、それはとんでもない間違いだと私は思います。脳という司令塔が通常使えるエネルギーはブドウ糖だけ。筋肉を動かすためのエネルギーもブドウ糖。その供給源である米や麺、パンなどの炭水化物は、食事の中でいちばん大切にしたいものです。穀類には食物繊維も豊富なので、シニアの悩みのひとつである便秘の改善にも効果があります。

次に、「肉」「魚」「卵」「大豆」などのタンパク質食材。

これまでにも繰り返し語ってきたように、シニア世代はこれまで以上に積極的にタンパク質食材をとる必要があります。3回に分けて、1日に必要な量を食べます。

最後は、野菜、芋、海藻。

それ自体のエネルギー量は低いのですが、ビタミン、ミネラル、ファイトケミカルを含み、免疫力アップに貢献し、身体の老化を進める活性酸素を減らしてくれます。

といっても、1年365日、1日3回、毎食料理をして食べるためにはかなりの努力を要します。「冷凍」や電子レンジを活用して「簡単・手抜き」でいきましょう。時間をかければかけるほど、手間をかけたらかけただけおいしくなるというのは、台所仕事をしない人たちが作った神話かな、と思います。

電子レンジ調理による様々なレシピが大人気のシニア料理実習教室ですが、生徒さんにはいつもこう言っています。

「お家に帰って、ご主人に『これはたったの２分で作ったのよ』なんておっしゃってはいけません！」

そう言うと、きっと「手抜きだ！」と返ってくるに違いないからです。時間をかけた料理を否定はしませんが、毎日、毎食作って食べるのはとても根気のいることです。ごはんがあって、肉や魚などのタンパク質食材があって、野菜たっぷりの副菜があれば、それで「１００点満点」！　作り方やかけた時間は、本質的な問題ではありません。

もうひとつ、シニアの１００点満点の食事を助けてくれるもの。それは、自分が好きな「味」の一品を持つことです。シニア世代はお腹がすくことはあっても、若いときのように食欲旺盛ではありません。でも、好きな味や食べ方があれば、それが食欲を呼び起こしてくれます。お気に入りの柚子胡椒や七味で味にアクセントをつけたり、ねぎやしょうがなどの薬味をたっぷり用意したり。厚切りがおいしいとされるローストビーフも、薄切りのほうが好きなら遠慮なく薄切りで召し上がれ。

●人生を歩んでいくこと、そのものが終活です

私の料理教室や講演会に参加した方は、皆さん口をそろえて「女版綾小路きみまろみたい！」とおっしゃいます。それくらい、面白いんですって。本人には笑わせようというつもりは毛頭ありません。いたって真面目にやっているのですけどね。

これまでの人生、娘であり、母であり、妻であり、舅にとっては義理の娘でもあり……という中で、それなりに気兼ねや遠慮もありました。でも、今や私ひとり！　遠慮も気遣いもありません。これからの人生、ますますクレッシェンドで行かずにどうしましょう。

東京で仕事を再開するという長年の夢がかない、20年間はパワー全開で１日に３つも４つも予定を入れて、やりたい仕事をどんどんこなしてきました。「48時間仕事をしています」なんて威張っていた時期もありましたが、そんなことを続けていたら、身体にいいはずがありません。結果的に仕事の効率も悪くなっていることに気づいて以来、その日のうちに仕事を終えることをルールにしています。書きかけの原稿があっても、夜11時には休みます。

これまでずっと、ひたすら走ってきたわけですが、いつまでもこのままのスピードで仕事をやり続けていけるはずはありません。

いずれは、目指したい暮らしのカタチがあります。昭和20年代から30年代のような、こざっぱりとした生活。少ないものを段取りよく使い、ゆったりと豊かな気持ちで年金の範囲で暮らしたい。そう考えています。

「気は心」という言葉がありますね。私は、その「気は心」という演出が好きなんです。たとえば料理をしているときに、青じそが1枚あったら、刻んで添える。木の芽をちぎって、みそ汁の椀に散らす。ちょっとしたひと工夫で、心が豊かになります。そういう文化が、日本の家庭からいつのまにか消えてしまったように感じています。私が育った頃には確かに息づいていた、そういう「気は心」の文化を、これからの若い人たちに伝えていきたいと願っています。

振り返れば、目の前のものすべてを何もかも取り込んで、目いっぱい張り切った時間がありました。その時間があったからこそ、今は、落ち着いた生活に向かおうとしているのかもしれません。自分の人生という大きな時間、その残り時間をどうやりくりするのかを大切に考えてみたいと思っています。

おわりに

いつか、人生最後の日の最後の瞬間を迎えることになるのでしょうが、私はその、本当に最後の最後の瞬間に「え！　これでおしまいなのね」って、びっくり仰天しそうな気がしています。つまり、その瞬間までは「死」を恐れたり、いつかそのときが来ることにおびえたりすることはないだろうなぁ、と。

だけど、こんなことが言えるのも、目下のところ健康な日々を送れているからです。もしも、このままうまくいけば、「大往生を遂げましたね」と言っていただけそうです。それを願ってはいますが、果たしてどうでしょう。これればかりは、誰にもわからないことです。

今、私にはふたつの夢があります。

ひとつは、お昼時間だけ営業する「村上食堂」のオープンです。保健所の認可はすでにとっています。手伝いをしたいと手を挙げてくださっている方もいます。

もうひとつは、『おばあちゃんのお菓子』という本を作ること。今から2年後、80歳で出せたらいいなと思っています。モデルにしたいのは、イタリアで出版された『世界のおばあちゃん料理』（ガブリエーレ・ガリンベルティ著 小梨直訳 河出書房新社）です。50か国の国々をめぐって、子どもや孫のために愛情こめて作る〝おばあちゃんの料理〟を集めたものです。その、お菓子版。

パンデピス
ボストン風カラメル風味のバナナケーキ
英国式ブレッドプディング
ショコラコアントロー
クラシックアップルパイ

タルトタタン
チョコレートファッジ・ブラウニー
レモンケーキ

などなど……。

こういったクラシックなお菓子は、買えるところが多くありません。私が焼くと、料理教室の生徒さんたちはこぞって嬉しそうにお買い上げになります。世界各国のおばあちゃんのお菓子として、次の世代の方たちにレシピを残したいのです。

そうそう、料理教室といえば、コロナでの自粛期間以来8月まで閉めていました。

そして、9月再開を目指していました。8月に入っても感染拡大に歯止めがかかりません。スタッフ全員と相談しました。もうしばらくお休みを、ということになりました。

そのあと、１４０人の生徒さんにひとりひとり電話をして、教室再開延期のお願いをしました。

電話がつながらない方には、ショートメールやＰＣからメールを。マスク、アマビエの団扇（うちわ）、お菓子など、いただいたご厚情へお礼を申しあげました。

教室再開時のウイルス対策のため、そして換気のために、表玄関と裏玄関にサッシュドアを設置。エアコンをすべて取り換えることにしました。

できること、したいことを考えていると、悩んでいる暇はありません。

「10年」ごとに考えながら、暮らしていく

22歳で結婚し、20代で3人の子どもたちを出産しました。当時から「40代になったら、子どもたちの手が離れる」と考えていました。「そのときは、自分自身の人生をもう一度スタートさせよう」。そんな「予定」が頭の中にありました。

ですが、人生は「予定」通りにはいきません。これは、皆さんもご承知の通り。家族がある場合は、自分ひとりの勝手で動くわけにもいきません。相手のことを考えながら、自分自身がどこまでできるのか。これから、どんなことがしたいのか。私は10年ごとに人生を見据えて、準備しながら暮らしてきました。それぞれの年代で感じたこと、考えたことなどを簡単にお伝えします。

40代

親を見送ったり子どもたちが巣立っていったりして、世話が必要な家族が減っていく時期。この後の人生で何がやりたいのか、どんなふうに生きていきたいのかを考えて、できる準備をしていくといいでしょう。
今の時代では、プラス 10 歳で考えてみるとちょうどいいのかなと思います。50 代で子どもたちが巣立っていくというご家庭も多いので、40 ～ 50 代の方に当てはまるのではないでしょうか。

50代

「大好きな料理の仕事を続ける」と決めて、新しいスタートを切ったのが 50 歳のときでした。8歳年上の夫の定年退職も近づいてきました。夫婦ふたりで、あるいはひとりでどう暮らすのか。家の売買や引越しなどの大きな決断は、50 代の体力・気力のあるうちにしてしまいましょう。

60代

若い頃にくらべて体力が落ち、同じことを継続する力も落ちていきます。身の回りの整理や「断捨離」をするなら、60 代の前半までが限界です。65 歳を過ぎたら、自分がいちばん長くいる部屋に、必要なものすべてをかき集めておくだけでいいではないですか。65 歳以上は「見て見ぬふり」の年代です。

70代

「思ったように人生はいかない」。これまでの人生で十二分に悟ってきました。ですが、70 代は「自分の思い通りに生きていく」年代！ 好きなことだけをする。好きな人とだけつきあう。思ったことをそのまま、短い言葉で「単刀直入」に伝える。波長の合う人とおしゃべりをする時間を大切にしてください。
「つい、うっかり」の失敗も増えます。そんなときは「おぬし、ヤキがまわったな」と自分に言って、それでおしまい。言い訳なんてしません。

村上祥子（むらかみさちこ）

料理研究家、管理栄養士、福岡女子大学客員教授。
1985 年より福岡女子大学で栄養指導講座を担当。
治療食の開発で、油控えめでも1人分でも短時間で
おいしく調理できる電子レンジに着目。
以来、研鑽を重ね、電子レンジ調理の第一人者になる。
生活習慣病予防改善、個食時代の1人分簡単レシピ、
小・中学校や幼稚園・保育園への食育出張授業、
シニアの料理教室など、
あらゆるジャンルで電子レンジのテクを活用。
たまねぎの栄養面に着目し、「たまねぎ氷®」
「にんたまジャム®」などを考案。
これまでに出版した著書は 500 冊を超える。
78 歳の今、夢はおいしいランチを提供する
「村上食堂」のオープンと
世界中の“おばあちゃん”が作り続けてきた
お菓子のレシピを次世代のために本にして残すこと。
http://www.murakami-s.jp

デザイン／原田暁子
撮影／山下みどり
編集協力／白鳥美子

村上祥子式 ひとりでも 毎食ちゃんと食べる 簡単レシピ

この本では、日々元気に過ごすためにきちんと食べ続けることの大切さをお話ししてきました。そうはいっても、毎食、一から手の込んだ料理を作ることは現実的ではありません。電子レンジや冷凍食材をフル活用して、ここまで手軽でいい、という例を紹介します。

ちゃんと食べる　ルール1

毎食炭水化物をとる。
ごはんなら茶碗１杯（150ｇ）。

ちゃんと食べる　ルール2

野菜は肉（魚・卵）の
倍量食べる。

１人分を電子レンジで作るマグカップ料理

市販のマグカップは容量が350～500mlで１人分の料理にちょうどいいところから、思いつきました。材料を切って調味料とともにマグカップに入れ、電子レンジで加熱（レンジでチン！＝レンチン）すればできる料理です。料理教室で特に人気の３つのマグカップごはんを紹介します。

※マグカップの代わりに、耐熱ガラスや電子レンジ対応のプラスチックの計量カップでも大丈夫です。

マグカップ料理のメリット

1　料理の技がいらない
2　短時間でできあがる
3　火を使わないので安全
4　食材の栄養を逃さない
5　洗い物が少なくてすむ

ビーフシチューの材料でアレンジ 肉じゃが

ビーフシチュールーの代わりに、煮物の調味料で作ります。

1 おろししょうが少々、しょうゆ、砂糖、酒各大さじ1を合わせ、牛肉にからめる。

2 マグカップに１と野菜を入れ、ふんわりとラップをかけ、電子レンジ600Ｗで6分加熱。取り出して全体を混ぜる。

600w
6分
ラップあり

ビーフシチュー

『徹子の部屋』に出演したとき、黒柳徹子さんにも食べていただきました。１人分のシチューが電子レンジで８分で作れるのです。

[材料] 1人分
牛肉（焼き肉用）　50g（5㎝長さに切る）
にんじん　20g（輪切り）
じゃがいも　30g（乱切り）
たまねぎ　1/4 個（50g）（くし形切り）
さやいんげん　1本（3 ～ 4 つに切る）
ビーフシチュールー（フレーク）　大さじ 1（固形の場合は刻む）

レンチン前

1
マグカップに水 150㎖を注ぎ、ビーフシチュールーを入れて混ぜ、牛肉を先に入れ、野菜は後から加える。

2
ラップはかけないで、電子レンジ600Ｗで8分加熱。

600W
8分
ラップなし

レンチン後

3
取り出してひと混ぜする。

１人分を電子レンジで作るマグカップ料理

ミネストローネ

野菜と豆をとれるミネストローネ。大豆の水煮缶、トマトジュースを常備しておけば、思いついたときにパッとできるメニュー。

［材料］ 1人分

大豆（水煮）　50g
小松菜　1/2株（20g）
たまねぎ　1/6個（30g）
にんじん　3㎝（30g）
トマトジュース　150㎖
A ［コンソメ（顆粒）　小さじ1/4
　 塩　小さじ1/4
　 オリーブ油　大さじ1］
粉チーズ　大さじ1
こしょう　少々

1

小松菜は幅1㎝のざく切り、たまねぎとにんじんはみじん切りにする。マグカップにAを入れ、大豆を入れて絡め、トマトジュースを注いで混ぜ、小松菜、たまねぎ、にんじんを加える。

2

ラップはかけないで電子レンジ600Wで5分加熱。

600w
5分
ラップなし

3

取り出して、粉チーズとこしょうを振る。

肉豆腐

**ごはんに合うほっとする味。
6分のレンチンで、肉や豆腐にも味がしみます。**

[材料] 1人分
牛こま切れ肉　50g
長ねぎ　1/2本
木綿豆腐　200g
A［めんつゆ（3倍濃縮）　大さじ1
　 砂糖　大さじ1

レンチン前

1
牛肉は5cm長さに切る。豆腐はマグカップの大きさに合わせて2～3等分する。長ねぎは幅7～8mmの斜め切りにする。マグカップに牛肉を入れ、Aを加えてからめる。豆腐を入れ、長ねぎを上にのせる。

2
**ラップをかけ、
電子レンジ600Wで
6分加熱。**

600w
6分
ラップあり

レンチン後

3
取り出して、肉を引き出して上にのせる。

「1人分冷凍パック」で、バラエティ豊かな簡単ごはん

余った食材を、タンパク質（肉や魚など）50g＋野菜100gの組み合わせで、フリージングパックに入れて冷凍庫へ。みそ汁、サラダ、麺の具など手軽な1品がすぐできて、栄養バランスもバッチリです。

「1人分冷凍パック」のメリット

1 電子レンジで調理（レンジでチン！＝レンチン）するので、誰でもできる
2 「4分レンチン！」であっという間にできあがる
3 火を使わないので安全・安心
夏場は暑さ対策にもなる
4 切り方が多少雑でも、
電子レンジなら均一に火が通る
5 1つのパックで1食分の栄養がまかなえる

「1人分冷凍パック」の作り方

肉か魚などタンパク質食材50g＋野菜100gを食べやすい大きさに切って、Sサイズのフリージングパックに入れ、冷凍庫で保存します。食材の組み合わせは自由。時間があるときに、余った食材を利用してパックを作っておけば、冷凍庫で1か月程度保存可能です。

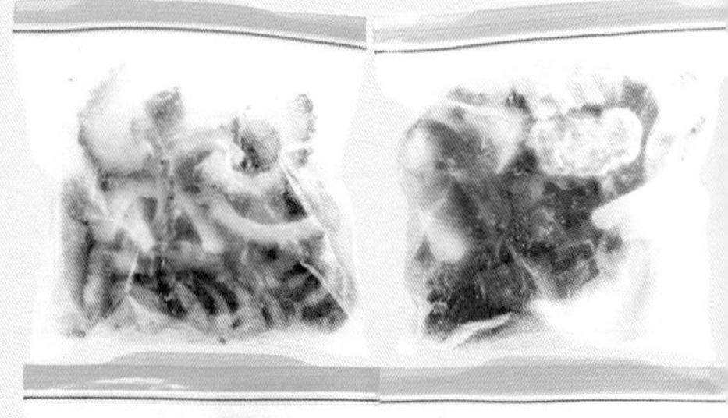
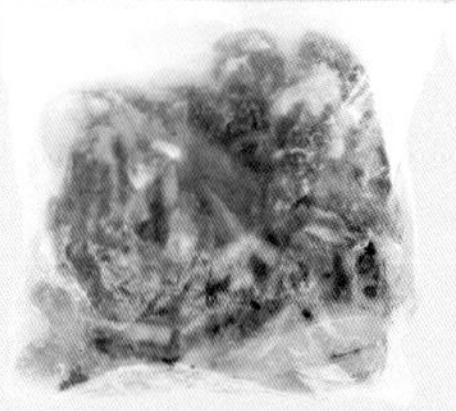
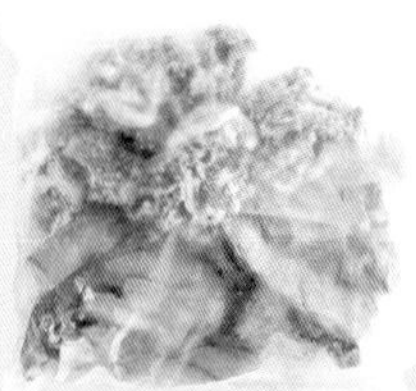

「1人分冷凍パック」　調理例

冷凍パックは食べたいときに取り出して、凍ったままの食材を耐熱容器に入れてふんわりとラップをかけます。調味料を入れて（レシピによっては後から入れる場合も）、600 Wの電子レンジで４分！これで１品のできあがりです。

ベトナム風サラダ

豚肉、赤パプリカ、たまねぎ、わかめの冷凍パックの中身を４分レンチンして、粗みじん切りのパクチーと小口切りの万能ねぎをのせて、ナンプラーとラー油をかければできあがり。同じ冷凍パックでも、調味料を変えるだけで、和風にもエスニック風にもなります。

「1人分冷凍パック」で、バラエティ豊かな簡単ごはん

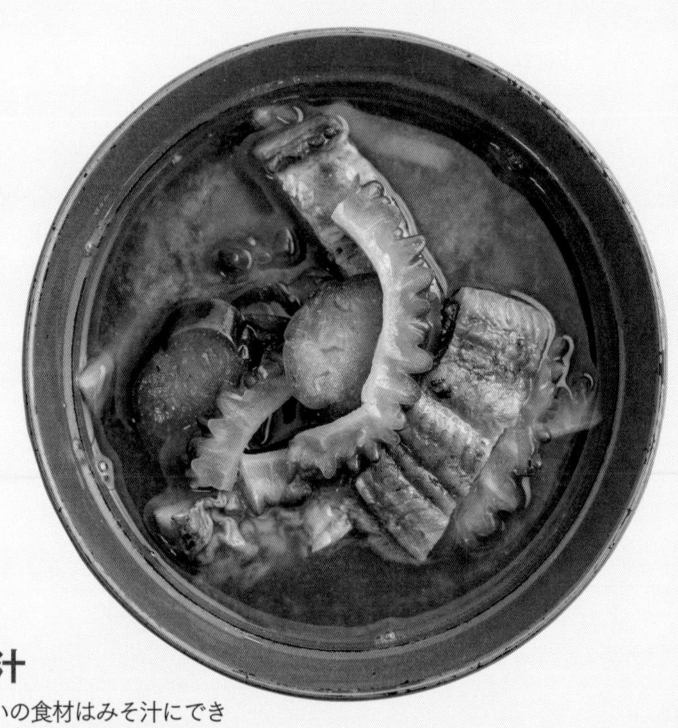

みそ汁

たいていの食材はみそ汁にできます。この日、パッと手にとったのはうなぎのかば焼き、ゴーヤ、なす。ユニークな組み合わせになってお楽しみ袋の一面も。"液みそ"を活用。溶けやすく、出汁も入っています。耐熱容器に冷凍パックの中身を移し、水120㎖を注ぎ、液みそ大さじ1を加えて6分チン。2分長めなのは、水分を加えたから。

たっぷり野菜のサバのみそ煮

サバと野菜(たまねぎ、ズッキーニ) の冷凍パックの中身を４分レンチン。液みそと砂糖各大さじ１を加えて混ぜる。

エキゾチックラーメン

「たまにはインスタントラーメンでも」というときは、牛肉、かぼちゃ、オクラの冷凍パックの中身を耐熱容器に移してレンチン。熱湯で戻したカップ麺にのせれば、栄養バランスのよいラーメンのできあがりです。

市販の惣菜に野菜をプラス

作りたくないとき、時間がないときは、１人分のおかずを手軽に食べられる市販の惣菜を利用していいと思います。ただ、油っこくて味が濃いものが多いのが残念です。野菜をプラスして、電子レンジで加熱することで、味はちょうどいい薄さになり、野菜もとれます。

八宝菜＋キャベツ

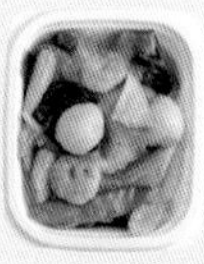

キャベツ100gをちぎって耐熱の器に入れ、八宝菜１人分（100g）を上にかけて、惣菜の耐熱容器を裏返してのせ、電子レンジ(600W)で３分加熱して混ぜる。

ラップなし

鶏のから揚げ＋じゃがいも

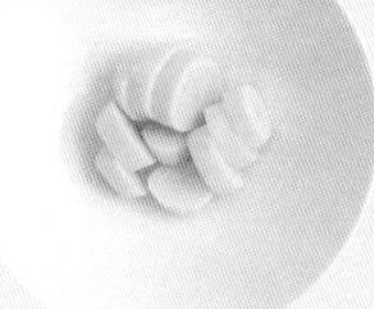

じゃがいも２個（200g）をひと口大に切って耐熱の器に入れ、から揚げ４個（200g）をのせ、惣菜の耐熱容器を裏返してのせ、電子レンジ(600W)で６分加熱する。

600w
6分

ラップなし

惣菜の入った容器はたいていが「レンジ加熱OK」です（裏面を確認してください）。そのまま裏返してふたにすれば、ラップは不要です。

麻婆豆腐＋なす

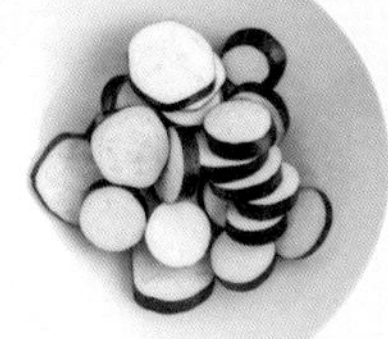

なす1本（100g）を輪切りにして耐熱の器に入れ、麻婆豆腐1人分（100g）を上にかけて、惣菜の耐熱容器を裏返してのせ、電子レンジ（600W）で3分加熱して混ぜる。

ラップなし

エビチリ＋にら

にら100gを長さ3㎝に切って耐熱の器に入れ、エビチリ1人分（100g）を上にかけて、惣菜の耐熱容器を裏返してのせ、電子レンジ（600W）で3分加熱して混ぜる。

ラップなし

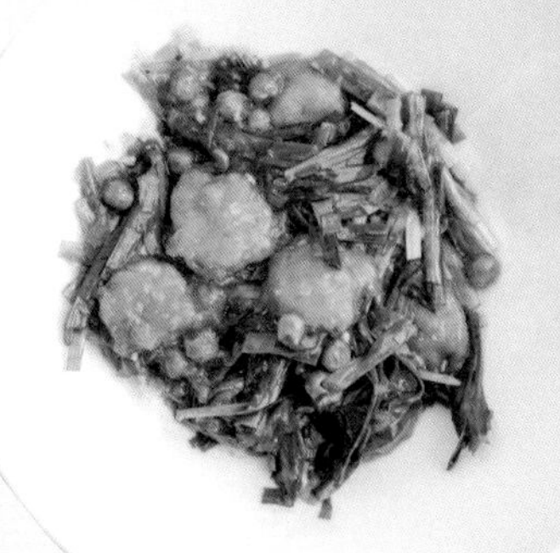

鶏むね肉のタンパク質メニュー

年を重ねた世代ほど、意識してとりたい栄養素がタンパク質。1日で300gのタンパク質食材をとるのが目安です。鶏むね肉は理想の食材。揚げ物、作り置きとレシピの幅を広げておくと、食べ飽きません。

チキンナゲット

ひき肉で作るのがポイント。
やわらかくて噛みやすいのです。

[材料] 2～3人分

鶏ひき肉（むね）		300g
A	溶き卵	1個分
	しょうゆ	小さじ1
	ガーリック（粉）	小さじ1/2
	こしょう	少々
	強力粉	大さじ2
かたくり粉		適量
揚げ油		適量

1
フードプロセッサーに鶏ひき肉を入れ、Aを加え、滑らかになるまで回す。

2
バットにかたくり粉を広げる。

3
小ボウルにサラダ油少々（分量外）を入れ、計量スプーンの大さじを浸し、**1**をこんもりとすくい、**2**にのせ、厚さ2㎝の円形にする。

4
170℃の油できつね色になるまで揚げ、油を切る。好みで、トマトケチャップを付けて。

鶏ハム

**むね肉とささみで作って保存容器に入れます。
２種類あると食べ比べも楽しい。**

［材料］作りやすい分量

鶏むね肉　1枚（300g）
鶏ささみ　5本（300g）
かたくり粉　大さじ1
水　500mℓ
めんつゆ（２倍濃縮）　100mℓ
フリルレタス　適量
A［マヨネーズ　大さじ1
　　柚子胡椒　小さじ1/2

1
鶏むね肉は皮をはがす。味がしみやすいようにフォークで全体を突き、かたくり粉をまぶす。ささみは筋を除き、同様にする。

2
鍋（直径18㎝、深さ9㎝程度、むね肉とささみが水に浸かるサイズ）に水を注ぎ、めんつゆを加え、強火にかけ、沸いてきたら**1**を加え、すぐ火を止める。落としぶたとふたをして常温まで冷ます。

3
ふた付き容器に鶏むね肉とささみを入れ、ゆで汁をこして注ぐ。完全に冷めたら、冷蔵庫に入れる。冷蔵で1週間、冷凍すれば２か月保存できる。

4
できあがった鶏ハムを薄切りにして、ひと口大に切ったフリルレタスと器に盛り、Aをかける。

鶏ひき肉の
シェパードパイ

**やわらかいマッシュポテトと
ひき肉で作るシェパードパイは、
食べやすくてボリューム満点。**

［材料］ 2人分
（直径 15㎝のグラタン皿1個分）

鶏ひき肉（むね）　100g
塩、こしょう　各少々
たまねぎ（粗みじん切り）　50g
サラダ油　大さじ2
ハヤシルー（フレーク）　大さじ1
水　50㎖
<マッシュポテト>
　じゃがいも　大2個（300g）
　牛乳　50㎖
　塩　少々
　バター　大さじ1
ピザ用チーズ　25g

1
じゃがいもは皮付きで洗い、耐熱容器に入れ、ラップをして電子レンジ 600 Wで6分加熱。水を注いで冷まし、水を切り、十字に切って皮をむく。

2
フードプロセッサーに**1**を移し、バターと塩を加えて回し、牛乳を加えて回し、マッシュポテトを作る。

3
フライパンを温め、サラダ油大さじ1を流し、鶏ひき肉の表面に塩、こしょうをふり、その面を下にして入れ、上面にも塩、こしょうし、強めの中火でしっかり焼き色を付ける。

4
別のフライパンにサラダ油大さじ1を熱し、たまねぎを入れ、中火で色付くまで炒める。

5
3に**4**を加え、ハヤシルーと水を加えて混ぜ、とろみがつくまで煮る。

6
グラタン皿に**2**の半量を入れ、上に**5**を入れ、ピザ用チーズを入れ、残りの**2**をのせる。

7
オーブントースター、または230℃のオーブン上段で、表面に焦げ目が付くまで焼く。

あと1品のタンパク質常備菜

卵や大豆といった定番のタンパク質食材で
作り置きしておくと、こまめに補給できます。

肉みそ大豆

しっとりやわらかくコクの深い味は、ごはんにかけても、そのまま食べてもおいしい。

[材料] できあがり300g（10食分）
大豆（乾燥）　1カップ（125g）
熱湯　2カップ
豚ひき肉　100g
A
- みそ　大さじ2
- みりん　大さじ2
- 砂糖　大さじ2
- しょうが（皮付き）1/2かけ（みじん切り）

❶ボウルに洗った大豆を入れ、熱湯を注ぎ、豆が十分膨らむまで1時間おく。水を切ってフードプロセッサーで粗みじん切り（挽き割り）にする。戻し汁はとっておく。

❷圧力鍋に大豆と戻し汁、ひき肉を入れ、ふたをして火にかける。加圧後、弱火で5分加熱し、火を止める。
※普通の鍋のときは、戻し汁の他に水2カップを加え、煮立ったら弱火で20～30分、煮る。
❸圧が下がったらふたを取り、Aを加え、ふたをせずに中火で煮汁が4分の1になるまでかき混ぜながら煮る。

薄味の半熟卵

4時間でめんつゆから引き揚げて薄味に仕上げます。

[材料] 10個分
卵　10個
めんつゆ（2倍濃縮）　300mℓ
水　300mℓ

❶ボウルに水1.5ℓと氷500gを入れて冷水を用意する。

❷鍋に水1.5ℓを入れて沸騰させる。おたまを使って、冷蔵庫から出したばかりの卵を1個ずつ加える。ふつふつ煮立つ程度の中火で6分加熱し、火を止める。❶の氷水に網じゃくしで卵を移し、3分浸す。卵を1個ずつ取り出し、硬い平らな場所で天地をコンコンと打ち付けてから、殻全体をひび割れさせ、氷水の中で殻をむく。

❸ふた付きの容器にめんつゆと水を注ぎ、❷の半熟卵を加える。卵の上にラップをじかにかぶせる。容器にふたをして、冷蔵庫で4時間漬け込む。

※冷蔵で1週間保存できる。冷凍は不可。

冷蔵庫の片づけメニュー

１人分の料理を作っていると、少しずつ食材が余りがちです。早めに使い切りたい野菜は、ある程度のサイクルで一掃メニューを作ります。様々な野菜の触感や味わいが楽しめます。

中華風おひたし

青野菜に、鶏がら風味がマッチ。

[材料] 4人分
スナップえんどう　50g
にら　50g
長ねぎ　１本
A［サラダ油　小さじ２
　 塩　小さじ1/4
　 鶏がらスープ（顆粒）　小さじ1/4
こしょう　少々

1
スナップえんどうは筋を取り、にらは3㎝の長さに切る。長ねぎは、白いところは1.5㎝幅の斜め切り、青い葉の部分は斜め薄切りにする。

2
耐熱ボウルに入れてふんわりとラップをし、電子レンジ600Ｗで3分加熱。

3
取り出して、Aを加えて混ぜる。好みでこしょう少々を振りかける。

冷蔵庫一掃
揚げびたし

色とりどりの野菜に食欲がわきます。

[材料]
かぼちゃ　100g
なす　中1本
ズッキーニ　1本（100g）
たまねぎ　1/2個（100g）
にんじん　小1/2本（50g）
赤パプリカ　1/2個
ピーマン　4個
A ┌水　1ℓ
　│うま味調味料　少々
　│みりん　1/4カップ
　└うすくちしょうゆ　1/4カップ
揚げ油適量

1

かぼちゃは種とわたを除き、幅1cmのくし形に切る。なすとズッキーニはへたを落とし、幅1.5cmの拍子木に切る。たまねぎは幅1cmの半月切りにする。にんじんは幅5mmの輪切りにする。赤パプリカは4等分に、ピーマンは種を除き、十字に4等分する。

2

ボウルにAを合わせる。

3

油を170℃に熱し、野菜を1種ずつ揚げ、火が通ったら油を切り、2のボウルに加える。

いつも冷蔵庫に発酵食を

快腸生活のため、こまめにとりたい発酵商品は、冷蔵庫に常に複数入れておきます。納豆やヨーグルトは買い置きし、余裕があるときは自家製発酵食品を作って冷蔵庫に。ぬか漬けも、いったんぬか床を作って冷蔵庫に入れておけば、毎日食べられます。意外と簡単ですよ。

豆乳ヨーグルト

血糖コントロールに効果のあるマグネシウム、良質のタンパク質である大豆タンパクやイソフラボン、レシチン、サポニン、オリゴ糖などの栄養素を豊富に含む豆乳で作るヨーグルトは栄養価抜群です。電子レンジで簡単にできます。

[材料] できあがり585g
ヨーグルト（市販）　60g
豆乳　500mℓ（525g）

1

耐熱容器に豆乳を注ぎ、電子レンジ600Ｗで3分加熱する。これで、乳酸菌が繁殖しやすい温度帯になる。

2

1に市販のヨーグルトを加えて混ぜ、ふたをして室温に冬で2時間、夏は1時間おく（植物性種菌を使った場合より、時間はやや短くなる）。

3

ヨーグルト状に固まればできあがり。固まったら冷蔵庫で保存する。

※冷蔵庫で1週間保存できる。

自家製甘酒

**濃縮の生甘酒です。
適量は1日大さじ2杯。
飲むときは4倍に薄めます。**

[材料] できあがり1ℓ分
米　200g
米麹　200g

・ミキサーにかけるとなめらかになる。

・米の代わりに、もち米で作ると甘味が増す。そのときは水800mℓでおかゆにする。もち米の甘酒は粘りが強いので、もち米とうるち米を半々で作ってもよい。

・米の代わりに、十六穀米で作るときは水1ℓでおかゆにする。

・甘酒に作り上げた後、水を加えて好みで濃度を調整する。

・甘酒は調味料としても使える。トンカツ用の豚ロース肉をポリ袋に入れ、1枚につき甘酒大さじ2を入れてまぶし、1晩おいて焼けば、甘酒の酵素で肉がやわらかく、食べやすくなる。

1
米を洗って炊飯器に入れ、水600mℓを加えて、おかゆモードで炊く。

2
炊きあがったら保温したまま、水200mℓを加えて60℃まで温度を下げる。

3
米麹をほぐして加えて混ぜる。

4
炊飯器のふたは開けたまま、ふきんをかけてひと晩(12時間)、55～60℃を保ちながら発酵させ、甘味が出てきたらできあがり。冬場は内ぶたをはずし、布巾の上にかぶせると保温効果が上がる。

5
うっすらベージュ色になったら水200mℓを加え、かき混ぜてなめらかにする。保温モードを切ってまる1日寝かせると、さらに甘くなる。

6
保存容器に移し、ふたをして冷蔵。2週間保存可能。冷凍なら1年間保存できる。

いつも冷蔵庫に
発酵食を

ぬか漬け歴70年、ムラカミ式ぬか床

私は小学生のときに、ぬか床当番をしていましたので、キャリアは長いです。新婚のときは、工場勤務の夫に、どっさりと持たせていました。同僚にお裾分けしていたようです。少しずつ捨てながら、新しいぬかを加えて回転させていくのがコツです。

[材料]　3ℓ容器1個分
ぬか　500g
塩　大さじ2
昆布茶　大さじ2
刻み赤唐辛子　大さじ1
ヨーグルト　200g
ビール　1カップ
水　1/2～1カップ

1

ぬか床を作る。大きめのボウルにぬかと塩、昆布茶、刻み赤唐辛子を入れ、ざっと混ぜる。次にヨーグルトとビール、水を加える。全体がしっとりするまで混ぜ合わせる。目安はフリーザーから出したてのアイスクリームぐらいの固さ。固い場合は水を、緩い場合はぬかを加えて調整する。

2

容器に1を移す。冷蔵庫で保存する。野菜100g（キャベツの外葉2枚ほど）を毎日1回漬ける。翌日は取り出して捨て、ぬか床を全体に混ぜて、次の野菜100gを漬ける。小松菜などでもOK。これを1週間くり返す（捨て漬け）。きゅうり、なす、大根などを漬ける。夏なら半日、冬なら1日で漬かる。

手入れはいりません。冷凍保存もできます（乳酸菌は冬眠状態に入るだけで生きているので）。ヨーグルトが古くなるほど酸っぱくなるように、ぬか床もよく入れ替えてこそ、おいしさが保てます。少人数の家では、ぬか床をひとすくい捨て、新しいぬかを足すなどの工夫を。新しいぬかを足すときは、ぬか1カップに対し、塩小さじ2の割合で加えます。酸っぱくなったぬか床には、ビオフェルミン（顆粒）や粉辛子を加えます。生ごぼうや大豆を混ぜても、酸っぱさが取れます。

ムラカミが考案した自家製健康食品

にんたまジャム®

免疫効果の高いたまねぎとにんにくを手軽にいつでもとれるように考案しました。フルーツジャムのような香りと甘味で、自慢の味です。私は朝いちばんのミルクティーに入れています。食習慣に取り入れて、毎日食べてほしいジャムです。

[材料] できあがり460g（大さじ25 杯分）

たまねぎ　500g（正味）
にんにく　100g（正味）
水　100mℓ
砂糖　60g
レモン汁　大さじ2(30g)

❶たまねぎは皮をむき、上下を切り落とし、十字に4等分に切る。にんにくも皮をむく。

❷耐熱ボウルに、焦げやすいにんにくを先に入れ、たまねぎをのせ、水を注ぎ、ふんわりとラップをかけ、電子レンジ600Wで14分加熱する。

❸❷を汁も一緒にミキサーに移し入れ、砂糖、レモン汁を加え、なめらかになるまで回す。

❹耐熱ボウルに戻し、ラップをかけずに電子レンジ 600W で8分加熱して煮詰める。

にんたまジャム® の保存法

●熱いうちに、完全に乾燥している瓶に移し、ふたをする。

●冷蔵で1か月保存可。3～4日であれば、小瓶に移して常温携帯もOK。冷凍では2か月保存可。

●このジャムは糖度が低いので、常温で長期保存するときは、加熱殺菌を。瓶にふたを軽くかぶせて鍋に並べ、瓶の3分の2の高さまで水を注ぎ、火にかける。煮立ってきたら中火で 20分加熱。取り出してふたをきつく閉める。半年間保存できる。

にんたまジャム® チャーハンの材料と作り方

❶耐熱ボウルにチャーシュー6枚のみじん切りと万能ねぎ2本の小口切を入れ、にんたまジャム® 大さじ2、サラダ油大さじ1、塩少々、しょうゆ小さじ1、こしょう少々を加えて混ぜる。

❷❶にごはん茶碗2杯分を加え、ふんわりとラップをかけ、電子レンジ 600W で6分加熱する。取り出してラップを外し、全体に混ぜる。

食べ飽きない 白菜&キャベツの副菜

なんてことのない箸休めですが、毎日食べても飽きません。繰り返し作り続けています。

酸辣白菜（サンラー）

コロナ禍でステイホーム中にたくさん作って、お嫁さんに「お裾分け便」で送りました。意外と人気が高いメニューです。

［材料］作りやすい分量
白菜　500g
塩　大さじ1
水　1/2 カップ
A
- 酢　大さじ3
- 砂糖　大さじ3
- しょうが　1かけ（せん切り）
- 赤唐辛子　2本（種を抜いて輪切り）

ごま油　大さじ3
サラダ油　大さじ3

1
白菜は葉と茎に分け、葉は4～5㎝角切り、茎は5㎝幅のそぎ切りにし、重ねて細切りにする。

2
ボウルに入れ、塩を振って全体に混ぜ、皿を1枚置いて重石をのせ、脇から水を注いで1時間おく。

3
水がたっぷり出たら固く絞り、別のボウルに移し、Aを加える。

4
小鍋にごま油とサラダ油を入れて熱し、3の上からかけ、1時間おく。

※冷蔵で2週間保存できる。

コールスロー

**冷蔵保存がきくので定期的に作って欠かさない料理です。
出張の弁当にも入れます。**

［材料］8人分
キャベツ　800g
たまねぎ　1/2個（100g）
にんじん　20g
A　塩　小さじ1
　　砂糖　小さじ2
　　こしょう　少々
酢　大さじ4
サラダ油　大さじ4
パセリ　1本

1
キャベツはスライサーで4㎝長さのせん切りにする。たまねぎは薄切り、にんじんはせん切り、パセリはみじん切りにする。

2
ボウルにたまねぎとにんじんを入れて、Aをかけ、しんなりするまでもむ。

3
2にキャベツを加え、酢とサラダ油を加えて全体を混ぜ、パセリのみじん切りを振る。

※冷蔵で1週間保存できる。

ひとり暮らしにおすすめ

柚子胡椒、七味唐辛子、あさつきの小口切り（市販のパックでもOK）。年齢を重ねてくると、お腹がぺこぺこという状態にはなかなかなりません。ひとりで食べるごはんに、好物の香辛料、薬味を常備していると、食べる意欲が増します。

料理家　村上祥子式
78歳のひとり暮らし
ちゃんと食べる！
好きなことをする！

2020年 9月30日　第1刷発行
2022年 5月29日　第10刷発行

著　者　村上祥子
発行者　樋口尚也
発行所　株式会社　集英社
〒101-8050 東京都千代田区一ツ橋 2-5-10
電　話　編集部　03-3230-6137
読者係　03-3230-6080
販売部　03-3230-6393（書店専用）

印刷所　大日本印刷株式会社
製本所　株式会社ブックアート

ISBN978-4-08-786131-0　C0095